JN436802

한잔 소주에 내 인생 닻을 내리고

한잔 소주에 내 인생 닻을 내리고

1판 1쇄 | 2006년 8월 10일

지 은 이 | 윤종한
펴 낸 이 | 손형국
펴 낸 곳 | (주)에세이
출판등록 | 2004. 12. 1(제395-2004-00099호)

주　　소 | 412-791 경기도 고양시 화전동200-1 한국항공대학교
중소벤처육성지원센터 409호
홈페이지 | www.essay.co.kr
전화번호 | (02)3159-9638~40
팩　　스 | (02)3159-9637

ISBN 89-6023-050-2 03810

한잔 소주에 내 인생 닻을 내리고

윤종한의 장편 에세이

들어가며...

나는 오랫동안 떠돌면서 고뇌하였다.

세상은 왜 이렇게 시끄러운가?

뉴스나 신문의 보도를 보기가 두렵다.

어머니와 짜고 인터넷사이트 심부름센터에 아버지 청부살인을 의뢰했다 구속된 김 모(24)씨의 범행 동기는 금전 문제로 인한 가정불화였던 것으로 드러났다는 보도가 나왔다.

자살… 자살… 48분마다 한 명씩

하루 30명 꼴… OECD국 중 증가율 1위

정부, 우울증 치료비 지원 등 대책 마련

자살이 전염병처럼 번지고 있다. 우울증을 앓았던 유명 연예인부터 생활고를 견디지 못한 서민들까지 자살로 생을 마감하는 사례가 잇따르고 있다. 2003년도 자살 사망자는 10,932명. 1997년 IMF 경제 위기 이후 주춤하던 자살이 최근 급속히 늘고 있다. 보건복지부는 4일 서울 63빌딩에서 '자살예방을 위한 전문가 간담회'를 열고 대책 마련에 나섰다.

작금의 보도 내용들이다.

세상이 왜 이렇게 시끄러운가?

도대체 인간이란 무엇인가?

왜 인간은 자나깨나 싸우고 갈등하고 자살하는가?

왜 인간은 사랑하고 미워하고 기뻐하고 증오하는가?

수많은 젊은이가 신불자로, 혹은 실업자로 추락하고 있다.

때로는 노숙자가 되고 때로는 자살하고….

왜 자식은 부모를, 부모는 자식을 버리는 세상이 되어 버렸는가?

나는 어느 날 불쑥 세상을 떠나 버릴 생각을 하고 배낭을 챙겼다. 마치 구도자가 된 듯한 마음으로 떠날 결심을 한 것이다.

나는 이러한 모든 수수께끼를 여행이라는 이름으로 떠돌면서 풀어야 했다.

그러나 여행을 떠났다고 세상의 모든 수수께끼가 풀리는 것은 아니다.

산으로 가도 바다로 가도 고뇌는 계속되었다.

사람들은 생각한다.

인간이 죽으면 육체는 흙이 되고 영혼은 또 다른 세상으로 떠난다고… 과연 그럴까?

과연 인간의 육체와 영혼은 따로일까?

과연 동전의 앞면과 뒷면은 따로일까?

사람들은 인간이 무엇인지도 모르면서 인간을 말하고,

영혼이 무엇인지도 모르면서 영혼을 이야기한다.

마음이 무엇인지도 모르면서 마음을 이야기하고,

사랑이 무엇인지도 모르면서 사랑에 목숨을 건다.

언제부터인가 이러한 모든 문제들을 사람들은 마음의 문제로 인식하기 시작하였다.

'세상만사 마음먹기에 달렸다' 는 말이 그러하고,

'일체유심조(一切唯心造)' 또한 그렇다.

플라톤은 말하였다.

"모든 유(有)의 원형은 '이데아' 다"라고.

곧 현상(現象)은 이데아의 반영이라 말하였다.

그렇다면 영혼이란 무엇이며 마음이란 무엇인가?

사랑이란 무엇이며 과연 인간의 실체는 무엇일까?

수수께끼는 끝없이 이어진다.

과연 끝없는 수수께끼는 여행이라는 이름으로 풀릴 수 있을 것인가?

2006 盛夏

僖泉 尹鍾漢

차례

1. 제주 뱃머리에서

새 한 마리가 날고 있었다. 한동안 뱃머리를 맴돌다가 어디론가 날아가 버렸다. 여기는 제주 뱃머리, 나는 지금 목포행 객선의 출항 시간을 기다리고 있다.

몇 해 전이다.

전국일주 여행을 한답시고 전세 승합차에 합승할 기회가 있었다.

부산을 출발하여 경산과 대구 팔공산을 거쳐, 제2석굴암, 안동, 영주 부석사, 오대산 월정사…, 설악산과 철원 고석정을 휘돌아 강화도를 둘러보고, 삽교와 변산반도로 해서, 목포와 호남 남해안 쪽으로 미끄러져 내려갔다. 목포를 거쳐 완도 앞바다, 다도해 해상국립공원에 이르러 나는 비로소 감탄했었다. 과연 이토록 아름다운 바다가 또 있을까?

나라도, 보길도, 소안군도, 대모도, 청산…, 그리고 좌 홍도, 우 백도…, 비단길 쪽빛 바다. 그림처럼 점점이 수놓인 섬들을 깔고, 솜털 같은 백색의 뭉게구름은 정말 환상 그대로 한 폭의 그림이었다.

세계일주를 한답시고 수많은 바다를 보아왔다.

지중해는 아름답다. 프랑스 남부, 리베라 해안의 깐느, 니스, 그리고 모나코. 이집트의 지중해 연안. 이태리의 나폴리, 그리고 터키와 그리스의 지중해 연안도 그림처럼 아름답다. 특히 북쪽의 핀란드와 노르웨이 연안에 펼쳐지는 뱃길의 아름다움은 정말 환상적이다. 그러나 여기, 우리나라 다도해의 해상국립공원에는 비할 수 없다.

그날 나는 신지도 명사십리 고갯마루 넘어설 때 펼쳐진 바다의 장관을 만나고 비로소 감탄한 이래, 어느 바다를 만나도 그들이 아무리 아름답다 하여도 다도해의 아름다움에는 버금할 수가 없었다.

"가야지, 다시 가야지."

이제 그 꿈의 바다를 만나기 위해 여기 이 제주 뱃머리에 다시 서 있다. 하늘과 땅이 하이얀 눈으로 뒤덮여 설국의 장관을 이루었던 제주는 이제 샛노란 유채꽃으로 새로운 장관을 이루고 있다.

성산, 남원, 대정, 애월… 가는 곳마다 정녕 아름다움이 지천으로 널려진 제주. 이제 나는 그 아름다운 제주를 뒤로 하고 떠날 것이다.

환상의 바다, 그 아름다운 다도해가 나를 기다리고 있다.

상조도, 하조도, 독거군도를 헤집고 진도를 지나, 상태도 하태도, 장산도를 지나면 목포 삼학도와 유달산을 만나고, 나는 홍도로 갈 것이다.

홍도로 가는 동안 우이군도의 국립공원을 만나고 흑산도와 홍도의 국립공원을 만나면 나는 다시 여수로 간다.

돌산 앞바다 금오열도의 국립공원을 훑어보고 나로도 국립공원을 거쳐, 거문도 백도의 국립공원으로 향할 것이다.

삼면이 바다인 우리나라 해상국립공원의 백미는 한려수도라 하겠다. 그리고 섬으로는 좌 홍도, 우 백도라 했다.

전남 서해안의 홍도에서 여수 앞바다의 백도까지를 일컬음이다.

"좌 홍도…, 우 백도…. 우 백도라."

어디로 가든 아름답지만 그중에서도 백미는 좌 홍도, 우 백도라 일컬어지는 목포 앞바다 흑산도의 홍도와 여수 앞바다 거문도의 백도가 일품이다.

누군가 나의 여행 이야기를 듣고 이렇게 말했다.

"그건 여행이 아닌, 아주 고행이었구먼."

그렇다, 그것은 분명 여행이라기보다는 고행이라는 표현이 옳았을지도 모를 일이다. 나의 여행은 참으로 힘들고 고달픈 고난의 연속이었기 때문이다.

나는 오랜 여행을 하면서도 호텔이나 여관에서 자는 일은 별로 없었다. 야간열차, 야간버스, 밤에는 달리고 낮에는 관광지를 헤매고, 그리고 어둠이 다가오면 다시 떠나고. 쉴 틈 없이 달리는 그야말로 악전고투의 고행이었다.

북미의 캐나다 대륙횡단을 하고, 미국을 일주할 때는 버스 속에 짐짝처럼 처박혀 한 달 동안을 떠돌았다.

목욕하고 발 닦고 세수할 틈도 없었다. 잠시 버스가 주차장에 멈춘 사이 화장실에서 물만 얼굴에 찍어 바르고 또 달린다.

유럽의 야간열차도 멀미가 나도록 타 보았다.

터키나 인도 열차보다는 중국 열차가 재미있다.

세계에서 차(茶)를 제일 즐겨 마시는 민족은 아마도 중국인일 것이다. 물론 이슬람의 교리 때문에 술을 마시지 않는 중동 사람들도 차를 즐기지만 그들보다는 중국인들이 차를 즐기는 데는 한 수 위인 것 같았다.

중국인들은 누구나 여행을 할 때 필수품이 보온물병이다. 휴대용 꼬마 보온병. 물론 차를 마시기 위한 물병이다. 열차 안에도 객차마다 보일러실이 있어 수시로 차를 마실 수 있도록 물을 끓여준다. 나는 끼니 때마다 보일러실 끓인 물로 컵라면을 먹었다. 여행은 참으로 고달픈 고행의 연속이었다.

그럼 왜 그토록 고난과 고통의 연속인 여행을 해야만 했을까?

고백컨데 그것은 내 가슴속 응어리 때문이었다.

사람은 누구나 저마다의 인생을 살아가면서 가슴속에 응어리 같은 것을 심고, 또 삭이면서 살아간다. 나도 내 젊음을 살면서 쌓여 온 가슴속 응어리들을 풀 수가 없었다. 그 알지 못할 응어리는 세월이 가면서 더욱 쌓여만 갔고 그나마 쉬는 날이 있어 쉬기라도 하는 날엔 가슴은 마냥 터질 것만 같아 앉아 있을 수가 없었다.

"떠나자, 이래서는 안 된다. 떠나야겠다."

2. 하나님의 방

진눈깨비가 내리는 어느 날 나는 서울행 무궁화호 야간열차에 몸을 실었다. 부산역 발 23시 55분.

열차는 천천히 칠흑의 어둠 속으로 미끄러져 들어갔다.나는 다가오는 나 자신의 내일을 모른다. 무작정 떠난 여행에 희미한 공포와 불안의 그림자가 다가오고 있다. 일하면서 떠도는 무전여행, 과연 해낼 수 있을까? 당장 열차가 서울역에 닿으면 어디로 갈 것인가?

열차는 속력을 내기 시작하고, 나는 그냥 상념의 늪으로 빠져들고 있었다.

도대체 인간들은 왜 싸우고 사랑하고 갈등하는가? 나는 내가 마치 성자(聖者)라도 된 듯 그 상학적 고뇌의 문을 두드리기 시작한 것이다. 어제까지 사랑하던 사람들이 오늘은 증오하고, 어미가 자식을 버리고, 아우가 형을 죽이고.

존재하는 모든 것들 중에서도 가장 뛰어나다는 인간들이 짐승보다 더 잔인해진 까닭은 무엇일까? 인간은 과연 어디서 와서 어디로 가는 것일까? 천국과 지옥은 있는 것일까? 생로병사는 무엇이며 행복이란 과연 무엇일까?

왜 죽도록 고생하는 사람은 가난하고, 자고새고 놀고먹는 인간이 호화롭게 사는 것은 무슨 조화인가?

끝없는 의혹의 물결이 밀려오고 사라지고. 열차가 서울역에 닿은 시각은 이튿날 새벽 5시경. 싸늘한 새벽바람이 사람의 가슴을 파고들었다.

어디로 갈까?

나에게 한가로이 소크라테스 같은 고뇌의 바다를 산책할 여유는 없다.

아직도 밤이면 동장군의 패잔병들이 떼를 지어 다니는데, 노숙을 하다가는 언제 얼어 죽을지 모를 형편. 먹고 잘 곳을 찾아야 하는 것이다.

신문 광고를 쥐고 맨 먼저 찾아간 곳은 신문보급소였다. 하지만 가자마자 퇴짜. 나이가 많다고 부적격 판정이었다. 두 번, 세 번째도 헛탕, 새벽부터 다섯 시간을 헤매고 열 시경에 겨우 골인. 역시 신문 보급소였다.

보급소 지국장 모씨는 나와 비슷한 또래였다. 사람이 어질고 착하다.

“나이가 좀 많긴 한데, 해보시겠소? 그럼 하는 데까지 해봅시다.”

개나리가 피기 시작하였다.

빗길, 눈길을 자전거로, 혹은 뜀박질로. 신문 배달을 시작한 지도

어언 두어 달.

보통 새벽 3시경 신문이 들어오면 광고지 넣고, 구역별로 나누어 배달 시작 시간은 네다섯 시경. 아파트 25층 꼭대기부터 1층까지 뜀박질로 뛰어 내리기는 정말 힘들었다.

힘겨워하는 내 꼴에 마음 써주던 Y군의 소개로 나는 신문지국장과 작별인사를 나누고, 교회의 식객으로 들어간 것이다.

이른 아침 목사님과 함께 승합차를 몰고 빵공장, 두부공장에 들러 재고품 빵과 날짜 지난 두부며 콩비지 따위를 수집하여 가난한 신도들 집으로 배달 가는 일이었다.

교회는 5층 건물의 지하실이다.

작은 지하감방 같았지만 내게는 그래도 하나님의 방이었다. 혼자 눕기도 비좁은 계단 밑 미니 방. 일어서면 머리가 닿는다. 옷 입고 벗을 때는 쪼그려야 한다.

합판 칸막이 바로 곁이 목사님 설교하실 제단이다.

느릿느릿 하나님의 방에도 시간은 지렁이처럼 그렇게 기어 다녔다. 촉광 낮은 흐릿한 전등을 끄면 대낮에도 깜깜한 오밤중이다.

지국을 떠난 지 나흘.

시계(視界)는 제로 상태. 미래는 모두 안개로 덮여 있다. 무엇을 해야 할지 어디로 가야할지. 신문배달 틈틈이 모아둔 스크랩이며, 서적들을 읽으려 해도 촉광 낮은 전등불로는 독서가 안 된다. 돌아눕기조차 불편함. 사방의 콘크리트 바닥에서 스며드는 냉기, 어둠, 그리고 꽃샘추위는 밤새도록 나를 잠 못 들게 하였다.

아침이 와도 식사는 없다. 10시나 11시경, 아침 겸 점심 겸으로 끓인 라면이 나온다. 하루에 두 끼의 라면도 하나님께 감사의 기도를 드리고 먹어야 한다. 집에 있었으면 하루 종일 놀아도 이밥에 고기반찬이 나올 텐데…. 그래서 집사람은 나를 맛이 간 사람이라고 점 찍은 지 오래다. 그러나 나는 이것을 고생이라 생각하지 않는다. 지금까지 살아온 내 반평생 인생의 길이 결코 그렇게 쉽게만 살아온 길이 아니었기 때문이었을 것이다.

나는 내가 터득하여 얻은 나만의 신념을 입증하기 위해서 시작한 여행이고 고생인 이상 이 정도의 고생은 고생으로 느껴지지 않았던 것.

나는 보급소에 있을 때나 지하감방 같은 교회의 골방에 있으면서도 언제나 책을 가슴에 감추고 다녔다. 시간만 나면 읽고 또 읽었다. 틈틈이 pc방에도 들렀다. 자료를 찾아보기 위해서였다.

사람들은 나를 조금 이상한 사람으로 생각하는 듯하였다. 그러나 나는 행복하였다. 날이 갈수록 나의 신념이 옳다는 것이 입증되고 있었고, 모든 것이 하나씩 비밀의 베일을 벗기 시작한 것이다.

첫 번째 문이 열렸다. 생명 탄생의 비밀을 보여 주는 장엄한 문이었다.

3. 생명의 탄생

우주 탄생의 비밀을 밝혀준 단초는 미국의 천문학자 허블(Edwin Hubble)에 의해서 열렸다.

1924년 미국의 윌슨산천문대에서 우주를 관측하고 있던 천문학자 허블은 이상한 현상을 발견하고 깜짝 놀랐다.

그때까지 인간은, 우주란 절대 불변의 존재로만 알고 있었다. 그런데 허블이 발견한 이상한 현상이란 우주의 모든 별들이 무서운 속도로 도망치고 있다는 사실이었다. 별들이 모조리 무서운 속도로 도망치다니 도무지 있을 수 없는 일이었다.

이러한 현상이 곧 빅뱅(Big Bang) 이론과 블랙홀(Black Hall) 이론으로 이어졌다.

우주는 쿼크보다 작은 무(無)의 공간에서 시작되었고, 우주가 열리면서 물질은 생성되기 시작한 것이다.

"물질은 에너지의 다른 모습이다."

이것을 입증한 사람은 아인슈타인이다.

우주에 존재하는 모든 물질은 에너지의 다른 모습일 뿐 본질은 하나다.

물질은 물질이면서 또한 파장인 것이다.

그것을 알기 위해서는 상대성이론과 양자론을 만나야 한다.

"물질은 물질이 아니다."

그것이 양자론과 상대론의 핵심이다.

물질이 아닌 것에서 물질은 생성된다.

양자론의 물질은 파동이며, 상대론의 물질은 에너지다.

결국 파동과 에너지는 물질의 다른 모습인 것이다.

블랙홀은 결국 질량 없는 상태의 무한 에너지인 것이다.

형이상의 세계에서 無는 *存在*의 다른 이름이다.

그렇다면 생명이란 무엇이며 어떻게 탄생한 것일까?

생명이란 무엇인가?

생명에는 두 가지 필수조건이 있다. 대사능력(代謝能力)과 복제능력(複製能力)이 그것이다.

대사능력이란 생존을 위한 에너지의 생산과 회전을 말하고, 복제능력이란 종족 번식을 위한 자기 복제능력을 말한다. 이와 같은 정의는 비교적 근대의 과학적 사고에 따른 것이다. 그러나 이러한 정의조차도 가속에 불붙은 BT(Bio Technology)의 세계에서 생명은 새로운 차원으로 접어들고, 그 정의마저 탈바꿈하게 될 시점에 와 있다.

인간을 포함한 모든 생물들은 불에 타면 재만 남는다.
재는 탄소다.
모든 생명체의 기본 골격은 탄소로부터 시작하는 것이다.

생명의 기본 구조를 형성하는 단백질은 아미노산의 결합으로 되어 있고, 아미노산의 기본 구조는 탄소, 산소, 수소, 질소 등의 분자들로 구성되어 있다. 결국 생명 구조의 기본 골격은 탄소와 산소, 수소 같은 원자들로 구성되어 있다는 뜻이다.

어떤 물질(원소)이 어떤 조건 하에서 어떻게 구성되었느냐에 따라 생명으로 혹은 非생명으로 나누어졌을 뿐, 그 뿌리는 하나다. 그것을 입증할 수 있는 것이 지구상에 존재하는 모든 생명의 공통점이다.

동물이든 식물이든, 인간과 세균에 이르기까지 모든 생명의 공통점은 하나같이 단백질로 구성되어 있고 그 단백질은 모두가 100여 가지 아미노산 중 20종의 아미노산으로만 구성되어 있다는 것이다. 이것은 모든 생명이 태초에 하나의 생명체로부터 나누어지면서 진화되었다는 것을 증명하는 것이다.

세상은 변했다. 실험실에서 생명체를 구성할 수 있는 물질이 생성된 것이다.

실험실에 원시 지구의 대기를 조성하고, 메탄 등의 간단한 화합물에 적당한 에너지를 공급하면 아미노산 등이 합성될 수 있고, 이러한 조건이라면 원시대기의 자연 속에서도 합성되어 지표나 해양 속에 축

적될 수 있다는 것이 입증된 것이다.

이것을 사람들은 '유리-밀러의 실험' 이라고 부른다.

모든 생명 현상은 물질의 연속적인 화학반응이다. 반응이란 또한 물질들의 상호작용이다. 동물, 식물의 구별 없이 모든 생물의 에너지 대사는 단백질이 그 주역이다.

인간의 육체는 극도로 복잡하고 정교한 화학공장이다.

고온이 아닌 체온상태에서의 화학반응은 효소에 의한 촉매 때문이고, 수많은 종류의 효소들은 모두가 얼굴 모습만 다를 뿐 기본은 단백질이다.

모든 생명이 이러한 단백질로 구성되어 있다는 사실은 근본적으로 지구상에 존재하는 모든 생명은 공통의 한 조상으로부터 진화(변화)되었다는 것을 입증하는 것이다. 그렇다면 이렇게 탄생된 인간은 왜 고뇌하는가?

빵공장, 두부공장에 재고가 없는 날은 쉰다. 나는 한가한 시간을 얻어 남한산성을 찾아 나섰다.

4. 남한산성

명나라 말, 조선 중엽.

광활한 만주벌에 여진족, 三大부족이 살고 있었다.

흑룡강 하류, 연해주의 야인여진(野人女眞), 만주중부 송화강 유역의 해서여진(海西女眞). 그리고 압록강과 두만강 상류, 백두산 산록에 거주하던 건주여진(建州女眞) 등이 그들이다.

1583년, 건주여진의 누루하치(奴兒哈赤, Nurhachi, 1558~1626)는 추장인 그의 아비와 할아버지가 명나라 군사들에게 피살되자 25세 나이로 추장에 추대된다.

청년 누루하치가 추장이 되고 30여 년, 만주의 태반을 정복한 누로하치는 1816년 후금(後金)을 세우고 황제에 오른다. 조선의 광해군 8년이었다.

누루하치가 후금을 세우고 황제를 칭호한다는 것은 곧 중국의 명

나라에 대한 도전을 뜻하는 것이며, 이로써 두 나라의 충돌은 불가피해진 것이다.

선수를 친 것은 누루하치였다.

독립을 선언한 2년 후(1618년), 누루하치는 아버지와 할아버지의 복수를 외치면서 선전을 포고하고 삽시간에 명의 근거지인 푸순(撫順)과 칭허(淸河)를 탈취해 버렸다. 그러나 이것은 오픈게임이었다.

본격적인 전투는 누루하치의 근거지인 헤투알라(赫圖阿拉, Hetuala, 지금의 興京)에서 서쪽으로 50킬로미터쯤 위치한 사르후(薩爾許, Surhu)에서 붙었다.

명군은 10만이 넘는 대병이라지만 오합지중, 막대기 들고 모인 허수아비 꼴들. 날쌘돌이 누루하치의 기마군단과는 애시 당초 게임이 불감당이다. 죽고 자빠지고, 완전 그로기 상태에 빠져 버린 명군이 그나마 구원을 요청한 곳은 조선.

임진왜란 때 도움받은 바 있는 조선으로서는 마냥 남의 불구경하듯 팔짱만 끼고 있을 수는 없었다.

명의 구원 요청을 받은 광해군.

강홍립(姜弘,立, 1560~1627)을 도원수로 구원병 1만 3천을 파병한다.

한편, 누루하치의 본영.

명나라의 작전 계획과 출병 날짜 등 소상한 정보를 입수한 누루하치, 정병 3만을 엄선하여, 사르후에 진치고 있는 명군을 기습작전으로 괴멸시켜 버린다. 이것을 사르후山의 대회전(大會戰)이라 한다.

이때 언덕배기에 진을 치고 전쟁구경을 하고 있던 조선군 진영. 조선군 감시를 위해 파견되었던 명군 장교를 골짜기에 처박아 버리고, 1만 3천 군대가 오픈게임도 해보지 않고 항복해 버렸다. 조선이 부득이 파병하게 된 전후사정을 설명하고 청과의 마찰을 피한 것이다.

광해는 강홍립이 출병할 때 청과 명의 눈치를 보아가며 양다리 작전을 적당히 구사하라 일러두었던 것이다.

사르후에서 명의 기선(機先)을 제압한 누루하치, 파죽지세로 카이위안(開原)을 먹고, 남하하여 선양성(瀋陽城)을 공략하고, 랴오양(遼陽)까지 차지하고, 산해관에서 브레이크가 걸렸다.

산해관은 만리장성의 시발점이자 중국 대륙, 중원으로 들어가는 관문이기도 한 곳이다. 만약 산해관이 무너지면 베이징은 코앞이나 다를 바 없다.

전열을 가다듬은 누루하치, 산해관 돌파를 기도하다가 영원성(寧猿城) 전투에서 대포 세례를 맞고 전사한다. 포르투갈의 최신병기, 대포의 위력을 미처 몰랐던 모양이다.

후금의 태조 누루하치의 뒤를 이어 나타난 인물이 누루하치의 15명 아들 중 여덟 번째인 혼태지(皇太極, 황태자). 그가 곧 2대 황제, 태종이다.

태종은 즉위한 이듬해 후환을 없애기 위해 조선에 출병하여 형제국의 맹약을 받고 돌아갔다. 누루하치의 뒤를 이어 황제에 오른 태종은 후금국(後金國)의 국호를 대청국(大淸國)으로 고쳤다. 태종의 즉위식에 각국 사절들을 불러놓고 태종은 대청국의 독립국임을 천명하고, 황제라 칭케 하였다. 그러나 조선은 수용할 수 없었다.

그해 12월(1638년).

청나라의 황제존호를 거절하는 조선을 치기 위해 청태종은 10만 대병을 거느리고 압록강을 건넜으니 호 왈, 병자호란이다.

조선에서는 인조반정이 일어나, 광해군이 쫓겨나고 인조가 왕위에 올라 있었다.

노도처럼 몰려오는 청군에 ◎긴 인조는 남한산성으로 피난하여 항전하였으나 역부족.

소현세자(昭顯世子)와 세자의 아우, 봉림대군(鳳林大君, 후의 효종)을 인질로 보내기로 하고, 한강동안(漢江東岸), 삼전도(三田渡)에서 성하지맹(城下之盟)을 행하였다.

청태종은 삼전도에 9층의 수항단(受降壇)을 차려놓고 그 단상에 앉아 남면(南面)하고, 인조는 지상에서 삼배구고두(三拜九叩頭, 세 번 절하고 머리를 아홉 번 조아림)으로 치욕의 항복 절차는 끝났다.

이듬해 정월 그믐의 일이었다.

살육과 약탈의 피 비린내는 역사 속으로 사라지고, 어느덧 치욕의 산성은 덧없는 인간들의 놀이터로 변해 버렸다.

즐비한 식당가에는 간간이 흥겨운 풍악이 흘러나오고, 주지육림(酒池肉林)의 갈비짝 타는 냄새가 계곡을 타고 내린다.

태양이 서산마루 너머로 떨어져 가고 있다. 저 멀리 번쩍이며 흘러가는 한강물은 피어린 역사를 아는 듯 모르는 듯.

가난한 교회를 떠나야 하느냐? 조금만 기다리면 취업을 시켜주시겠다는 목사님 말씀을 믿고 좀 더 머물러야 하느냐?

나는 마냥 안개 속을 헤매듯 산성을 헤매다가 교회로 돌아왔다.

5. 부활절과 삼겹살

우리 집은 대대로 불교를 신봉하는 불교 집안이었다. 그러나 나는 바쁜 생활과 여유 없는 일상에 매달리는 사이, 종교다 신앙이다 하는 것에 관심 둘 겨를 없이 허덕이다 여기까지 끌려온 것이다.

4월의 두 번째 주일은 예수의 부활을 기리는 부활절 예배가 있었다.

"온 천하 만물을 우러러… 아, 주를 찬양하여라. 할렐루야 할렐루야… 주의 피로 이룬 샘물…."

찬송가가 울려 퍼지고 다시 또 기도하고, 그러나 나는 처음부터 끝까지 꿀 먹은 벙어리.

"오늘은 부활절, 요한복음 제 이십 장 일절부터, 안식 후 첫날 이른 아침 아직 어두울 때에 막달라 마리아가…, 나무아미타불…, 관세음… 무덤에 와서 돌이 무덤에서 옮겨 간 것을 보고, 시몬 베드로와, 마하반야 바라밀다."

머릿속은 마치 무중력상태의 우주 공간에 떠 있는 것처럼 혼돈의 바다로 변해 버렸다.

목사님의 복음과 할머니의 독경소리가 지하동굴 같은 교회의 천장과 벽에 부딪혀 메아리처럼 울려 퍼졌다.

"… 예수가 사랑하시던 그 다른 제자에게…, 관자재보살 행…, 달려가서 말하되 사람이 주를 무덤에서 가져다가…, 심, 반야 바라밀다시, 어디 두었는지 우리가 알지 못하겠다 하니, 베드로와… 조견 오온 계공 도 일체고액 사리자… 그 다른 제자가 베드로보다 더 빨리 달려가서, 먼저 무덤에 이르러 구푸려 세마포 놓인 것을 보았으나… 사리자 시 제법 공상 불생불멸 불구부정…, 예수께서 이르시되 나를 만지지 말라…, 역무 노사진 무 고집멸도 …, 너는 내 형제에게 가서 이르되 내가 내 아버지 곧, 너희 아버지. 내 하나님 곧, 너희 하나님께로…, 무지 역 무득…, 올라가라 하라 하신데, 막달라…, 이무 소득고…, 마리아가…, 보리 살타…, 또 주께서 자기에게 이렇게 말씀…, 아제아제 바라아제 바라 승 아제 모제 사바하… 사바하… 사바하…, 부활절에 드리는 우리의 고백, 다시 찬송, 기도, 아아, 할렐루야. 주 예수의 이름으로 기도 하나이다. 아멘…, 사바하 바라아제 모제 사바하…."

내가 신문보급소에서 교회로 거처를 옮긴 것은 Y군 때문이었다. Y군으로부터 목사님을 소개받았을 때 함께 인사를 나눈 사람이 박만호 씨였다.

일요일 부활절 예배에 참석한 신도는 어른 칠팔 명, 4~5세 정도의 아이들 오륙 명, 어른 중에는 박 집사라는 내외, 그리고 전도사라는 강씨 부부. 박만호 씨와 나. 그 밖에 또 다른 여인 한 명. 신도래야 고작 열 명 안쪽의 사람들만으로 부활절 예배는 끝났다.

박만호 씨의 낙천적이고 일반적인 신앙심에 비해 박 집사와 강 전도사의 신앙은 그야말로 맹목적이라 할 정도로 깊이 빠져 버린 것 같았다. 그런 까닭으로 해서 불과 며칠이 되지는 않았지만 신앙심 깊은 사람들 보다, 조금은 소탈하고 낙천적인 박만호 씨와 나는 금방 의기투합(意氣投合)되어 버렸다.

"이봐 윤 선생, 교회에 죽치고 있어 봤자, 당장 무슨 수가 생기는 것도 아니고 가지 그래, 내 집으로 가자구."

그의 집은 교회에서 길 하나 건너, 가까운 골목 안에 있었다. 무슨 무슨 빌라라는, 까맣게 녹슨 동판팻말이 붙어 있는 연립주택 반 지하에 그의 집이 있었다. 방이 둘, 방과 방 사이에 주방이 있고, 큰방은 부인과 딸이 생활하고, 그는 혼자 딴 방을 사용하고 있었다.

평양에서 일류 고등학교를 나오고, 서울에서 대학을 나왔다는 박씨는 나보다는 십 년이나 연상이었다. 반 지하에 두 평 남짓한 그의 방에 들어서는 순간, 나는 숨이 콱 막히는 듯한 느낌을 받았다.

좁은 방 안이 왼통 빽빽할 정도로 온갖 잡동사니들이 가득 차 있었기 때문이다. 나는 내 방에 그림 한 장, 캘린더 한 장조차도 걸지 않는다. 값비싼 서화나 족자, 혹은 장식용 액세서리 따위는 미술관이나 박물관에서 감상하는 것으로 만족하지, 그런 걸 방 안까지 끌어들일 생각은 추호도 없었다.

박씨의 방은 그야말로 엉망진창 그대로였다. 좁은 방에 침대와 책상이 자리를 잡아 버리자, 발 디딜 틈조차 어려운 형편에 사방 벽에는 선반을 질러 TV, 전축에 전기스탠드는 말 할 나위없고, 각종 차(茶), 예컨데 커피, 설탕에 쌍화차, 칡차, 꿀단지 하며, 술병도 양주, 소주….

그는 하루에 보통 소주 두 병이 정량이라 하였다. 그는 또 낚시에도 일가견이 있다. 낚싯대 종류만 하여도 아마 수십 종류는 될 성 싶었다. 그뿐 아니다.

"난 말이야, 이놈들을 길러 보고 싶단 말이야."

그는 책상 서랍을 열고 동물 사진들이 잔뜩 실려 있는 낡은 잡지 한 권을 꺼내놓고 말했다.

"이놈이 퍼그(Pug)야, 중국산이지. 이건 쉬츠(Shih Tzu), 역시 중국산이야. 독일산 포메라니아(Pomeranian), 프랑스 푸들(Poodle), 영국 요크셔테리어(York Shire Terrier)."

애완용 강아지 이름을 줄줄이 외우는데, 난 그만 입을 딱 벌리고 말았다.

그는 책갈피에 꽂혀 있던 사진 한 장을 내게 보이면서 다소 침울한 목소리로 이렇게 말했다.

"작년 가을에 이놈을 잃어버렸어." 강아지 사진이었다.

"푸들이야."

전기포트에서 물 끓는 소리가 들리자, 그는 사진과 잡지를 책상 위에 내려놓고 커피를 타기 시작하였다.

"자, 커피나 한 잔씩 하고, 오늘 저녁엔 나하고 술이나 한잔하자구."

그와 나는 오랜 죽마고우나 되는 것처럼 그렇게 짝꿍이 되어 집을 나섰다.

버스가 천호대교를 지나 왕십리 쪽으로 커브를 돌아, 낮은 고갯길을 넘어서자 오른쪽으로 재개발 지역이 나타났다. 대부분의 집들은 헐리고, 전장의 폐허처럼 철거된 마을 한가운데 마치 고성처럼 우뚝 선, 낡고 붉은 벽돌건물이 한 채 나타났다.

"난 말이야, 죽어서 천국이다 지옥이다 그런 건 관심 없다구. 다만 늘그막에 얼마 남지 않은 여생 동안 좋은 말씀 듣고 정신적 안정을 취하겠다는 것이지."

"죽어봐야 천국이고 지옥이지, 그걸 어떻게 믿어요?"

"고럼, 고럼. 그 딴 소리는 16세기 천동설이 판치든 시대에나 먹혀들던 소리다. 인공위성이 머리 위에 팽글거리는 판국에 아직도 그딴 소리로 사람을 웃겨."

박만호 씨 얘기다.

주차장 슈퍼에 들려 소주 다섯 병, 그리고 삼겹살을 샀다.

"무슨 술을 그렇게 많이…."

"예수가 독재인데…, 목사는 독재 아닌 줄 알어?"

그는 내가 하는 소리는 들은 척도 않았다.

"애비보다 목사 앞으로 밥그릇이 먼저 올라가는 거야."

그는 독백처럼 그렇게 말했다.

그날 밤 나는 박씨가 경비로 근무하는 회사 사무실에서 잤다. 시뻘건 연탄난로에서 수입돼지 삼겹살을 구워내고 소주잔을 기울이며 시간 가는 줄 모르고 예수와 야곱에서부터 카스트로와 스탈린까지 난도질하다가 뻗었다.

6. 여성 출입 금지구역

이튿날은 무척 바쁜 하루였다.

박씨와 헤어진 나는 인근 시장 통에서 국밥으로 해장을 하고 무작정 걷고 있었다.

"교회로 되돌아가야 하나, 말아야 하나?"

교회로는 되돌아가기가 싫었다.

"떠날 때 떠나더라도 인사는 하고 떠나야지."

그때였다.

"부아아아… 앙."

갑자기 시끄러운 소음이 고막을 때렸다.

내가 지나치던 곳이 지하철 공사장이었고, 소음은 토류판(터파기 할 때 토사 침하 방지를 위한 목재) 자르는 모터 소리였다. 내가 지나칠 때 누군가 모터의 스위치를 작동시켰던 것이다.

나는 잠시 작업 과정을 지켜보다가 작업인부 곁으로 다가갔다.

“수고 하십니다, 혹시 여기 작업 인부 쓰지 않는지요?”

그는 나의 행색을 아래위로 훑어보더니 담배를 한 대 권하면서 이렇게 말했다.

“저기 저, 길 건너 사무실에 가서 물어보시오. 아마 내일쯤 몇 사람 더 있어야 되지 싶은데….”

공사장 옆 보도의 컨테이너 박스가 오천건설의 사무실이었다.

“여기 오기 전에 어디서 무슨 일 하였습니까?”

“신문사 지국에서 일했습니다.”

“지국에서 일하지 않고 왜 여길 오셨죠?”

“새벽 1시 30분에 일어나서 저녁 10시까지 쉴 새 없이 일한다는 것은 무리였습니다. 차라리 여기가 나을 것 같았습니다.”

“주민등록등본 가져왔습니까?”

“숙소에 있는데, 내일 가져오면 안 될까요?”

그는 말없이 고개만 끄덕였다.

나는 다시 물었다.

“오늘 저녁부터 여기서 잠잘 수 있을까요?”

“그렇소.”

대화는 간단히 끝났다. 물론 작업시간과 급여 문제도 이야기가 되었다. 오전 8시 작업 개시, 그리고 오후 6시 작업이 끝난다. 점심시간은 11시 30분부터 12시 30분까지. 급여는 일당으로 35,000원. 아침, 점심, 그리고 오후 참까지는 무료. 오후 작업 종료와 동시에 해산. 저녁식사는 각자 해결. 구내식당 저녁 식대, 한 끼 1,800원. 나는 대충 이런 설명을 듣고 사무실을 나왔다.

교회의 지하, 하나님의 방이 결코 나에게 안식처일 수는 없었다. 콘크리트 바닥의 찬 기운은 밤마다 나를 새우로 만들었고, 하루의 피로를 풀어 줄 침실은 나의 육체와 정신을 더욱 피로하게 만들어 갔다. 따뜻한 방에 다리를 뻗고 잠잘 수 있다는 것이 얼마나 행복한가를 뼈저리게 느끼는 시간들이었다.

교회의 식사는 정해진 시간도 없고 정해진 메뉴도 없어, 차라리 식사를 포기하고 굶는 게 나을 것 같았다. 목 빠지게 기다려 나오는 것은 라면 한 사발. 가난한 교회에서 하나님의 복음에만 매달린다는 것이 내게는 너무도 무모한 것처럼 느껴졌다. 그래서 나는 더욱 빨리 하나님의 방을 탈출하고 싶었다.

오천건설 사무실을 나오는 순간, 나는 날아갈 것 같은 기분을 느꼈다. 하나님의 방으로부터 벗어날 수 있다는 그 해방감.

그날 하루는 무척 바쁜 하루였다. 목사님과 박씨에게 작별인사도 해야 하고, 짐이라 할 것도 없지만 그래도 작업복이랑 책들 하며 가방도 챙겨야 한다.

오천건설의 공사현장 숙소는 컨테이너 박스의 사무실 뒤편에 있는, 사무실과 비슷한 크기의 또 다른 컨테이너 박스였다.

"도대체 여기서 몇 명의 근로자가 묵고 있을까?"

나는 내일 아침, 작업에 임하기 전에 인적 구성과 환경, 그리고 분위기 등을 미리 만나고 싶어 작업 전날 밤부터 들어간 것이다.

내가 근로자 숙소라는 컨테이너박스에 들어서는 순간, 첫 번째 충격은 그 꼬리꼬리한 발꼬랑 냄새였다. 코를 찌른다기보다는 마치 가

스총을 맞은 것 같은 충격처럼 느껴졌다.

두 번째 충격은 벽화였다.

방으로 들어가 사방을 둘러보던 순간, 나는 그만 그 자리에 얼어붙고 말았다. 숨을 들이킬 수도 없는 그야말로 질식할 것만 같은 장면이 내 눈앞에 연출되고 있었던 것이다.

나는 내가 그렇게 숙맥이라고 생각해 본 적은 없다. 겪을 일 웬만큼 겪으면서 살았고, 볼 것 못 볼 것 수다하게 보면서 살아왔다고 생각했는데, 오늘 이렇게 나를 당혹하게 하는 입장을 만나기는 처음인 것 같다.

내가 들어선 방의 바른편에는 작은 창이 하나 있고, 좌우의 벽에 작업복과 외출복들이 무질서하게 걸려 있었다. 내가 창문과 작업복들을 둘러보고 막 돌아서는 순간, 맞은편 입구 쪽의 벽화(대형 사진), 벽면 가득히 연출된 충격적 장면.

남성들만의 세계. 여성 출입 금지구역.

남자와 여자가 벌거벗고 거시기하는, 그것은 너무도 생생한 포르노의 세계였다.

남자와 여자는 왜 사랑을 하는가?

사랑이란 과연 무엇인가?

또 하나의 비밀이 도사리고 있었다.

7. 노예선

새로운 아침이 열렸다.

지하철 공사장이란 아예 남의 이야기처럼 들어왔고 보아오던, 그런 현장에 내가 다가선 것이다.

지상으로부터 18m의 지하막장.

대형 페이로더와 포크레인의 굉음이 귀청을 울리고, 바위를 깨뜨리는 착암기 소리, 용접봉 푸른 불빛이 번개처럼 허공에서 번쩍이고, 하늘같은 지상에는 질주하는 차량들의 천둥소리.

우리가 하는 주 작업은 지하터널 벽에 박혀 있는 H형 철파일 사이에 흙벽이 무너져 내리지 않도록 토류판을 끼우는 작업이다. 철 파일과 철파일 사이의 흙을 삽과 괭이로 파내고, 토류판을 파일 사이의 간격에 맞게 잘라 끼운다. 파일 사이의 간격을 적어 올려주면 토류판은 지상에서 치수에 맞게 잘라 지하로 내려 보낸다.

H파일 사이의 흙 파내기 작업이 그렇게 만만치가 않다. 10분, 20분 곡괭이로 벽을 찍어 나가면 땀은 비오듯 흘러, 한여름 장마철에 소나기 맞은 듯 금방 속옷까지 흠뻑 젖는다.

11시 30분 오전 작업 끝. 점심식사.

식사 후 잠시 쉴 동안의 오수(午睡), 그 꿀맛.

12시 30분 오후 작업 개시.

요령은 전과 동, 오전에 하던 작업 그대로 계속이다. 작업반원 대부분 팬티 바람의 벌거숭이다. 안전모만 쓴 채. 땀은 비오듯 흐르고 간간이 무너지는 흙덩이가 가슴을 치고, 어깨를 때려도 마음 편한 곳.

신문보급소에서, 교회에서 고뇌에 빠졌던 순간들을 잊을 수 있는 곳, 지하막장.

난 사실, 근로자숙소라는 컨테이너박스를 처음 만났을 때 얼핏 '노예선'을 떠올렸었다.

현대판 노예선.

'부자와 가난한 자가 따로따로 타는 배, 누군가는 찬란한 유람선에서 삶을 유람하고, 누군가는 세상의 모든 고통과 고난을 등에 지고, 사회의 마지막 종착역, 지하 막장에서 흙더미에 깔렸다가 해지면 찾아드는 곳, 노예선.'

내가 숙소인 노예선 컨테이너박스에서 받은 충격이 가시려 할 무렵 이번에는 멋진 쑈가 등장하였다.

지난 밤 컨테이너박스에서 잠잔 사람은 모두 8명, 출퇴근하는 사람도 이삼 명 있었다. 작업을 마치고 샤워하고 세탁하고 컨테이너박스로 돌아갔을 때다. 안에서 희한한 잔치가 벌어지고 있었던 것.

방 한가운데에 연탄화덕이 들어와 있고, 어디서 나타났는지 커다란 돼지머리가 씨익 웃으며 놀란 나를 바라보고 있지 않는가? 숫돌에 칼을 갈고 있던 작업반장 김씨가 돼지머리를 칼질하기 시작하더니, 소주병이 들어오고 잔치판이 벌어진 것이다.

컨테이너박스는 노예선이 아니었다.

노예선이 아니라 자유의 유람선이었던 것이다. 일하고 싶은 사람만 모여 일한다. 일하기 싫은 사람은 언제나 떠날 수 있다. 출퇴근이 자유다.

한낮의 작업시간도 그렇다. 특별한 기술이 필요한 것도 아니고, 복잡한 공정이 따로 있는 것도 아니다. 작업이 시작되면 각자의 위치를 정하고, 그 다음부터는 자신의 일은 스스로 알아서 하면 된다.

자유처럼 아름다운 인생은 없다.

"삐리리리릿, 삐리리리…."

18m 지상에서 호각 소리가 울리고, "나무 내려 간다아."

지하 공동(空洞)으로 울려 퍼지듯, 이상한 메아리와 함께 위험 신호가 울리면, 삽과 곡괭이로 작업하던 인부들은 사방으로 흩어져 피한다.

"툭, 투둑."

이윽고 둔탁한 소리와 함께 생나무 각목들이 지하로 떨어져 내려온다.

"작업도 중요하지만 안전이 더욱 중요합니다. 언제나 헬멧을 잊지 말고 써야합니다."

내가 처음 작업장에 들어오던 날 내게 들려준 현장소장의 주의가 새삼 떠오르는 순간이다. 부주의의 안전사고로 각목에 희생된 작업인부가 있는가 하면, 각목과 함께 18m 지하터널로 추락 사망한 사고도 있었다는 위험한 작업이다.

치수별로 잘라 만든 각목이 모두 떨어지면, 다시 한 번 투하 완료 호각 소리가 울리고, 가는 밧줄을 타고 연락판지가 내려온다. 판지가 내려오면 다음 작업을 위하여 H빔과 H빔 사이에 끼워 넣을 각목(토류판)의 치수를 적어 지상으로 올려 보낸다.

진종일 땀 흘려 일하노라면, 어깻죽지엔 피멍이 들고, 해질녘 컨테이너박스 속으로 돌아올 때쯤 육신은 파김치가 되어 있어도 그들은 기쁨에 충만해 있다. 그들에게는 며칠 후 다가올 봉급날이 곧 희망이요, 기다리는 아내와 아이들이 삶의 보람인 것이다.

나와 함께 일하는 정씨의 경우, 그의 부인 왈.

"소나 몇 마리 키우면서 농사나 짓고 살면 편할 텐데, 왜 자꾸만 밖으로 나가려 하느냐?"고 말했었지만 그는 농사보다는 막노동이 좋다는 것이다. 봉급 타는 날이면, 하루 이틀 잠깐씩 집에 다녀온다.

그의 나이 51세.

초등학교, 중학교, 고등학교, 대학교, 학비에 생활비에 줄줄이 사탕이다.

노예처럼 일하면서도 그는 늘 행복하다.

8. 아오지

"야마 나겠는걸."

누군가 그렇게 중얼거리듯 말했다. 그러나 그 말이 미처 끝나기도 전에, "어어어… 엇."

와르르 벽이 무너져 내렸다. 곡괭이로 벽을 파 들어가던 하씨가 자칫 흙더미에 깔릴 뻔 뛰어 나왔다.

작업은 일정한 장소에서 하는 것이 아니라, 여기저기 사정과 형편에 따라 일한다.

환기구 작업장에서 다시 또 사고가 터졌다.

"비켜라, 비켜, 우와아아."

우지끈 뚝딱, 요란한 포크레인 소음 사이로 굉음이 터지면서, "콸콸콸…."

시커먼 오물이 쏟아지기 시작하였다. 포크레인 바가지가 공사장

절개지 보강할 때 가설한 임시 지하수관을 긁어 터뜨린 것이다. 700mm 하수도관이 파열하자 폭포수 같은 오물이 쏟아지면서 지하 작업장은 삽시간에 오물바다로 변해 버렸다.

군사정부 때부터 퍼마시다가 문민정부, 국민의 정부에서 토해내기 시작한 고관대작들 구역질나는 오물에 사모님, 사장님들로부터 수백억 원 노다지를 퍼마신 대학총장님, 교수님들의 오물, 혹은 '대가성 없다' 는 뇌물성 별들이 싸재낀 오물까지 뒤섞여 삽시간에 지하철 공사장 지옥 속은 오물바다가 되어 버렸다.

삽과 곡괭이로 구슬땀을 흘리던 나와 동료들은 미처 몸 돌릴 틈 없이 두둥실 낙똥강 오리 알이 되어 버렸다.

컨테이너박스 속에는 십여 명 혹은 칠팔 명 동료들이 상주하고 있다. 20대가 사오 명, 4, 50대가 사오 명.

청년은 내일을 위해 일하고, 중년은 자식농사를 위해 일한다. 봉급날이 되면 집으로 송금하는 사람도 있고, 이삼일 휴가를 다녀오는 사람도 있다.

휴가 갔었던 정씨가 돌아왔다. 그의 집은 경기도 양평, 한강 상류의 시골이다.

정씨가 돌아오는 날은 잔칫날이다. 그가 돌아올 때는 북한강 맑은 물의 민물고기를 잔뜩 잡아 오기 때문이다. 그런 날은 민물고기 생선찌개를 포식하는 날이다. 소주를 곁들임은 물론이다. 솜씨 좋은 김씨가 팔을 걷어 부친다.

붕어, 피라미, 불거지, 미꾸리, 돌매자, 모래무지…. 갖가지 민물고기가 대형 냄비에서 끓기 시작하자 얼큰한 찌개냄새가 방 안에 퍼진다. 밤은 깊어 가고 취흥은 돋아 오르고, 빈 소주병이 방 안 가득히 쌓여갈 때 한 사람 또 한 사람, 술 취한 시지프스들은 꿈나라로 떠난다.

하루하루 힘든 노동과 영양이 고려되지 않는 구내식당 식사 탓일까? 체력이 떨어지기 시작하였다. 67kg의 체중이 59kg 선에 머물고 있다. 체중이 줄면서 기력이 떨어지고 무리한 작업을 할 때는 이따금씩 현기증을 느낄 때도 있었다.

"자, 고오다, 고오. 고도리에 쓰리 고오."

화투놀이패들의 기고만장한 외침이다.

"두두두두두두두…."

컨테이너박스 방주 양철지붕 위에 콩 볶는 소리 울리면 그날은 속절없이 공치는 날이다. 봄비가 그렇게 찾아왔다. 신록의 여름이 찾아온다는 소리다.

보나마나 말하나마나, 노동판 비오는 날은 완전휴무. 낮잠 자는 사람 낮잠 자고, 화투치는 사람 화투 친다.

지하철 공사장 일을 시작한 이래 나는 하루도 결근한 적이 없다. 아무리 힘들어도 악착으로 붙는다. 곡괭이를 휘두르며, 땀방울은 비오듯 흐르는데 나는 숨을 휘몰아 쉬며 버틴다.

'마침내 쓰러질 때까지 두드려라.'

찰흙과 시멘트 몰탈들에 꽉 끼여 버린 토류판을 뽑아내기란 정말 힘든다. 곡괭이도 먹히질 않는다. 마치 암벽 같은 터널 직벽에 박혀 있는 토류판 한 장 한 장을 곡괭이로 파고 찍고 두들겨 뽑는 작업은 막노동판에서도 상위급 골통이다. (공사가 완료되면 토류판은 다시 뽑는다.)

터파기 굴삭공사가 끝나고, 복공판 설치공사도 끝난 상태에서 문제가 생겼다. 설계 잘못인지 아니면 관리 잘못인지는 알 수 없는 일이지만, 뒤늦게 엉뚱한 위치에 환기구를 파야 한다는 것이다. 세 평 정도의 땅을 20m 깊이로 파내려 가는 작업이다.

굴삭기 들어갈 수 있었을 때 처음부터 일관작업을 하였었다면 전혀 문제가 되지 않았을 일을 어렵게 만들어 놓았던 것이다. 굴삭기를 사용할 수 없는 형편이고 보니 순전히 인력으로 작업을 하는 수밖에 뾰족한 수가 없다.

우리 팀 세 사람이 붙었다. 연장이라고는 삽과 곡괭이, 1m, 2m…. 차츰 하늘이 좁아져 간다. 구슬 같은 땀방울이 흐르는 정도가 아니라, 한여름 소나기 맞은 생쥐 꼴이다. 양날곡괭이 끝은 바늘 끝처럼 날카롭다. 삽과 곡괭이를 하루 종일 휘두르다, 마침내 하루의 일과가 끝나면 그냥 그 자리에 풀썩 주저앉아 버린다.

아, 오늘 하루 내 인생은 끝난 것이다.

컨테이너박스의 양철방주에 함께 생활하는 동료 인부는 10명 정도. 작업 일정이 바쁠 때는 15명 정도까지 늘어날 때도 있다. 오갈 데 없이 고정으로 붙어 있는 인부는 오륙 명 정도, 나머지는 부나비 같은 유동인생들이다.

오천건설 현장에서 한 달을 버틴다는 것은 대단한 일이다. 우리는 오천건설 지하철 공사현장을 '아오지'라 부른다. 악명 높은 이북의 아오지 탄광에서 따온 이름이다.

아오지 멤버들의 면면을 보자.

꽃 같고 순한 양 같고 귀공자 같은 20대 젊은이가 있는가 하면, 환갑이 가까운 노인네도 있다. 희대의 깡패두목과 교도소 생활을 함께 하였다고 자랑삼아 떠벌이는 전과자도 있고, 밤마다 술 퍼마시고 발광하는 정신병자 같은 주정뱅이도 있다. 수십 명 종업원을 두고 잘 나가던 중소기업 전직 사장이 있는가 하면, 우울증 환자처럼 인생살이에 환멸을 느낀 채 들어온 침묵파도 있다.

20대도 30대도 50대도 일당은 같다. 같은 금액의 보수를 받는다는 이야기다.

5월 하순. 서울의 낮 기온이 31도를 넘어서는 이상기온으로 완연한 한여름 날씨다.

비오듯 줄줄이 흘러내리는 땀, 땀, 그리고 두들겨도 두들겨도 끝없는 삽과 곡괭이와의 싸움.

진종일 땅을 파고, 야근까지 마치고 나면 마침내 나는 문어처럼 흐느적흐느적 파김치가 되어, 양철방주 컨테이너박스 숙소로 돌아온다. 그러나 숙소에는 또 다른 공포가 나를 기다리고 있다.

밤마다 자정 넘도록 퍼마시는 합숙인부들의 술주정이 그것이다. 말려도 말려도 막무가내.

몇 개월 고참이라는 한마디로 텃새를 부리는 K씨. 당년 42세. 완전히 막가파. 어른 아이 구별 없는 정도가 문제가 아니다. 천박한 쌍소리는 일상이고, 자신의 옷을 걸었던 자리에 다른 사람의 옷이라도 걸려 있으면 그 옷이 누구의 옷이건 상관없이 당장 그 옷은 문밖 땅바닥으로 날아간다. 욕지거리가 입에서 떠날 날이 없고, 자신의 하는 일은 무조건 옳고, 남들이 하는 일은 모조리 소새끼 개새끼가 하는 일로 취급받는다.

그나마 내가 견딜 수 있었던 것은 이 사장의 인간적인 정 때문이다.

이 사장은 우리들, 아오지팀의 팀장이다. 말하자면 우리 팀의 노가다 십장(什長)이다. 그날그날 하루 일과를 회사 사무실에서 지시를 받아 오고, 우리는 이 사장의 지시에 따라 작업조를 편성받아 그날의 작업에 들어간다.

그는 나보다 칠팔 년 젊은 친구였다. 사람이 정이 많고 마음씨도 착한데 어떻게 이렇게 인생의 막장까지 흘러 와서 보잘 것 없는(?) 체구로 나한(羅漢) 같은 막가파 인생을 상대하는 팀장이 되었을까 싶은, 그런 사람이었다.

그는 늘 나를 '형님, 형님' 하면서 따듯이 대해 주었다.

날씨로 보아 이젠 완연한 여름이다.

"날씨 더 더워지기 전에 떠나야겠는데… 곧 장마도 닥칠 테고…."

떠날 궁리를 하고 있던 어느 날, 나는 우연히 이 사장과 단둘이 소주를 나눌 기회가 있었다.

"이봐 이 사장, 낼 모레가 일요일인데 어디 갈 만한 데 없을까? 난 서울 지리도 잘 모르고…, 빈 깡통 속에 혼자 있으려니 심심해서."

"… 형님 혹시 경마장에 가본 적 있소?"

"경마장? 경마장이 어딘데?"

"과천이요, 안 가보신 모양이구먼…."

이제 며칠만 더 일하면 두 달 만근을 채울 수 있다. 은행통장에 이백 만 원이라는 거금(?)이 마련된다.

서울을 떠나기 전에 무언가 이벤트를 하나쯤 만나보고 떠나고 싶었는데, 마침내 기다리던 사건이 눈앞에 나타난 것이다. 그와 나는 주말을 기해 경마장을 주름잡기로 약속했다. 대박의 꿈에 부푼 채.

9. 과천 경마장

"우와아아."

녹색의 필드 저쪽 끝 아득한 곳에 적갈색 준마의 무리들이 바람처럼 나타나고, 라운지의 맞은편 대형 멀티비전 화면에 기수(騎手)와 주마(走馬) 번호가 완연히 나타나면서 함성은 터지기 시작하였다.

"삼 번, 삼 번이다."

"칠 번이다, 우와아아…, 칠 번, 칠 번이다."

"에에이잇…, 다 들어와 갖고… 놓치다니."

환호와 탄식이 함께 터진다.

열두 필 준마가 지축을 울리며 한바탕 태풍이 몰아치듯 그렇게 골게이트 저쪽으로 사라지고 환희와 비탄, 그 두 얼굴의 관객들도 서서히 흩어져 갔다.

"안 돼네… 안 돼."

이사장도 나도 그렇게 돌아섰다.

세 시간 동안 칠백만 원을 날렸다는 내 곁의 사내를 나는 눈 여겨 보았다.

경기도 과천 경마장.

사람들은 왜 경마장으로 가야 하는가?

도대체 십 억도 넘는 돈을 어떻게 경마장에서 날릴 수가 있단 말인가? 정말 그것은 수수께끼였다.

이사장은 1980년대 후반, 부동산 경기가 최고조로 신바람 날 때 서울 역삼동에서 부동산업을 하였었다. 한마디로 그에게는 대박이 터진 시대였다.

날마다 쏟아져 들어오는 복부인들의 치맛바람을 타고 그는 역삼동 땅 부자가 된 것이다. 한두 번 굴리고 전매한 땅이며 빌딩들이 새끼를 불려 불과 이삼 년 사이에 역삼동 요지요지의 빌딩과 토지는 그의 소유가 되었고, 그는 그야말로 벼락부자가 되었던 것.

그러나 그것은 그의 인생의 정점(頂點)이면서 또한 추락의 시작이었다.

30대 초반의 젊은 혈기, 고스톱에 날이 저물고, 포커 놀음으로 밤을 지새우는 나날들이 그의 일과가 되어 버렸다. 돈 잃은 이튿날은 술에 골고 색(色)에 빠진다. 그리고 쉬는 날은 과천행이다.

마권(馬券)의 상한가는 20만 원, 다섯 장만 신청하여도 한 판에 백만 원, 하루에 열두 판 경기, 천만 원 날리기는 식은 죽 먹기.

그러한 나날들이 계속되던 어느 날 문득 그는 알거지가 되어 있었다. 이것이 이 사장이 오천건설 지하철 공사현장, 아오지 팀의 팀장이 되기까지의 인생 역정(歷程)이다.

이달 말까지 만근(滿勤)이 나의 목표다. 만근을 채우고 나는 떠난다.

벌써 비오는 날을 비롯하여 하루 그리고 한나절을 공쳐 버린 터, 야근을 해서라도 보충을 시켜야 한다. 하루 종일 물에 빠진 듯 그렇게 땀 흘리며 곡괭이와의 전쟁을 마치고 또 만근을 위해 야근까지 연일 계속해야 한다. 죽기 아니면 까무러치기다. 물론 과천 경마장 구경 탓에 하루가 또 빠졌다. 빠진 날 보충을 위해서 야근을 한다.

체력도 기력도 한계까지 간 것 같다. 비틀비틀 이따금 현기증을 느끼면서 악전고투. 마치 미친 듯이 나는 그렇게 곡괭이를 휘둘렀다.

왜? 왜, 내가 경마장엘 갔었던가?

왜? 왜, 내가 이토록 곡괭이를 휘둘러야 하는가?

10. 성격은 운명이다

갑자기 바빠졌다.

급여 계산이 끝나자마자 몇몇 사람은 떠났다. 컨테이너박스 양철 방주가 갑자기 빈집처럼 썰렁하게 느껴졌다.

나도 떠나야겠다. 그러나 서울을 떠나기 전에 할 일이 남아 있다. 서점에 들러 책 몇 권을 사야겠기 때문이다.

서점에 들러 책 몇 권을 사왔다.

짐을 꾸리면서 다음 행선지를 생각한다. 더운 날씨를 피해서 남쪽으로 가야겠다. 바다가 있고 섬이 있고, 그리고 시원한 바람이 있는 곳으로 떠나야겠다.

지도를 펼쳐 본다. 지도를 펴면 낙원이 떠오른다. 타오르는 태양과 짙푸른 바다 위로 내가 늘 꿈꾸던 섬들이 떠돌기 시작한다. 장엄한 황금빛 낙조를 안고, 혹은 또 아침 바다를 이글이글 무섭게 끓이면서 태양이 떠오른다.

서천, 장항, 군산을 거쳐 고군산 군도로 들어간다.

말도, 명도, 방축도, 선유도, 신지도. 무녀도…, 아니다, 국립공원 변산반도로 내려가자. 채석강을 거쳐서 형제도로 가자. 아니다, 바다의 국립공원 다도해로 빠지자.

홍도, 흑산도, 하조도, 추자도, 보길도, 완도, 나라도, 사랑도, 연화도, 거제도… 해금강으로 가자.

아, 지금은 가슴 설레는 시간이다. 나는 먼저 제주도를 선택하였다. 내 나라의 최남단 마라도를 만나고 싶었다.

여기는 청량리역.

나는 지금 양평, 원주, 제천을 거쳐 영월로 가기 위해 청량리역에서 열차 시간을 기다리고 있다. 제주로 내려가기 전에 잠시 영월에 들렀다 가고 싶었기 때문이다.

열차 출발 시간 10시까지는 아직 한 시간 이상 기다려야 한다.

제천 도착 12시 32분 예정. 제천에서 점심 먹고, 오늘 중으로 영월까지만 들어가면 된다.

모처럼 한가로운 시간이다. 출근시간이 지난 탓인지 대합실도 비교적 조용타.

10시 정각.

열차는 천천히 청량리역을 빠져나가고, 나 또한 차츰 상념의 수렁으로 빠져 들고 있었다. 왜, 왜, 왜, 왜?

왜, 인간은 고뇌 하는가. 왜 인간은 병들고 고통받고 죽어 가는가? 생명이란 무엇인가?

성격은 운명이다.

오천건설 지하철 공사장, 지하막장에서 함께 일하던 인부 가운데 L씨 성을 가진 20대 후반의 청년이 있었다. 그의 별명은 '빌빌이.'

강원도 철원 부근 어느 산골이 고향이라는 L군은 독실한 천주교신자이고 직업 농사꾼이다. 농한기에 공사장으로 아르바이트 나온다.

L군의 성격은 별명이 말해주듯 그야말로 완전태평. 회사에서도 그를 '열외고문' 으로 제껴 놓은 친구.

일하러 온 사람이 작업장에 들어서면 우선 연장부터 챙기고, 남들과 함께 삽질하고 곡괭이 휘두르는 것이 정상인데 이 친구는 마냥 구경꾼이다. 시킨 일에도 열성이라곤 전혀 없고, 마치 애들 장난처럼 노닥거리기 일쑤다. 보다 못해 회사에서 작업반장을 시켜 해고를 명했다.

마음 약한 작업반장, L군을 불러 이런저런 사정얘기를 하고 주의를 주면서 해고시키지 않고 열심히 일하라고 타일렀다.

사람이란 누구나 자신의 해고 이야기가 나오고 주의를 듣고 나면 감정이 상하게 되고, 홧김에 술이라도 퍼마시기 마련일 텐데, 그는 놀랍게도 주의 듣고 돌아선 자리에서 콧노래를 부르는 게 아닌가. 그것도 완전히 흥겨운 표정으로.

마이동풍, 우이독경 정도가 아니라 서너 살 아기의 천연덕스러움 바로 그것이었다. 그는 또 놀라울 정도의 노랭이 구두쇠로 소문 나 있다. 전혀 용돈이 필요 없는 것이다. 아무리 얻어먹어도 술 한잔 사는 법 없다. 봉급은 받으면 전액 집으로 송금이다.

'너무 착하다' 고 말하기엔 차라리 답답한 그런 친구다. 그런 사람은 가난이 전혀 괴롭지 아니하다. 결코 남의 것 탐하지 아니하고, 자신을 괴롭히지 아니한다. 해서, 그는 늘 행복하다. 적어도 나는 그를 그렇게 생각한다. 그의 성격은 검소하고 검약하여, 늘 만족하며 늘 감사하며, 그리하여 그는 늘 행복한 것이다.

"남이사 일하든 말든, 나는 콧노래나 부를란다."

작업반장 이 사장 성격은 L군의 성격과는 약간 다르다.

이 반장은 결코 L군처럼 게으른 성격도 아니고, 남에게 허튼소리 들을 사람은 아니다. 성실하고 착한 보통사람, 그런 사람이다.

그런 사람이 어떻게 그의 내면에 또 다른 성격의 인간이 숨겨져 있는지 정말 사람 속은 알 수 없는 것인가?

그렇다. 그것이 비밀이다.

그는 그 자신의 행위를 알고 있다. 그러나 그 자신, 자신의 행위를 알면서도 자신을 컨트롤할 수 없는 그 성격, 그것이 바로 유전된 성격 때문인 것이다.

천 사람 모이면 천 가지 얼굴, 만 사람 모이면 만 가지 얼굴.

사람마다 얼굴 모습이 다르듯이 성격 또한 모두 다르다.

성격이 운명이라면 성격은 유전자가 좌우하고, 인간의 운명은 유전자 마음이다.

인간. 인간의 마음.

11. 남자는 모조리 도둑놈이다

1998년 여름.

괴상하고 망측한 소문이 온 지구를 시끌시끌하게 만들고 있었다. 그것은 그냥 소문 정도가 아니라, 라디오 TV는 말할 것도 없고, 신문이라는 신문에 왼통 도배를 하고, 좌우지간 세상 매스컴이라는 매스컴은 모조리 들고 일어나 호들갑을 떨 정도였다.

"미국 클린턴 대통령이 그의 집무실에서 아리따운 아가씨와 빨가벗고 거시기 했다."

"했다, 안 했다." "했다, 안 했다."

그래서 아가씨의 드레스에 묻은 클린턴의 정액을 검사한다고 야단법석을 치고, 하여튼 가관이 벌어진 것이다.

1995년 11월 15일은 모니카 양의 첫 출근 날이다.

그녀는 백악관에 취업하여 백악관 직원 책임자, 레온 파네타의 사무실 통신섹션에서 근무하도록 파견되어 있었다.

모니카 회고록에 의하면, 그녀가 첫 출근 하던 날, 그녀는 대통령과 첫 키스와 오럴 섹스를 하였다고 기술하고 있다.

미스터 클린턴.

대통령 임기가 끝나고도 그 버릇을 버릴 수가 없었는지 다시 구설수에 올라 있다. 이번에는 동네에 사는 40대 초반의 이혼녀랑 바람을 피우고 있다는 소문이 솔솔 피어나고 있다.

도대체 어떻게 이런 일이 일어날 수 있을까?

"남자는 모조리 도둑놈이다."라는 말이 있다.

그렇다면 남자하고 사는 여자는 모조리 도둑놈 마누라다.

내친 김에 바람둥이 사내를 한 사람 더 만나자.

내가 중국 여행을 갔을 때 일이다.

베이징(北京), 난징(南京), 꾸이린(桂林), 양소우(陽朔), 쿤밍(昆明), 시린(石林)…, 기타 등등 중화 천지를 훑어 나가는데 꼭 빠뜨리고 싶지 않은 곳이 한 군데 있었다.

시안(西安)에서 보계(寶鷄)로 가는 길목에 마외파(馬嵬坡)라는 곳이 있다. 물어물어 찾아갔다.

머나먼 중국 땅 마외파에는 누구를 만나러 갔었던가?

아는 사람은 아무도 없다. 나는 다만 당나라를 뒤흔든 경국지색(傾國之色), 양귀비의 무덤을 찾아간 것이다.

아마 동양 사람으로 클린턴 모르는 사람은 있어도 양귀비 모르는 사람은 없을 것이다. 허지만 양귀비가 어떤 여인이었던가를 아는 사람 또한 그리 많지 않을 것이다. 현종과 양귀비의 러브 스토리에는 좀

별난 데가 있기 때문이다.

서기 736년 중국 당나라.

황제 현종(玄宗)은 총애 하던 무혜비(武惠妃)를 잃고 비탄의 나날을 보내고 있었다.

화조사(花鳥使)를 풀어 전국의 미녀들을 모조리 뒤졌지만 현종의 마음을 달래줄 여인은 찾지 못했다.

현종은 매년 10월이면 여산의 화청궁(華淸宮, 온천)에 행차하여 휴양을 즐기는 것이 연례 행사였다.

개원 28년(740) 10월.

현종은 화청궁 나들이 행차 도중, 수행한 여인들 중에서 기막힌 미모의 여인을 발견한다. 그녀가 곧 비운의 여인 양귀비였다.

그러나 정작 기막힌 사연은 따로 있다.

현종이 찍은 여인은 유부녀. 유부녀라도 예사 유부녀가 아닌 바로 현종 자신의 아들, 수왕(壽王)의 비(妃), 즉 현종 자신의 며느리였던 것.

현종은 수왕을 황태자의 자리에 앉게 하기 위하여 위의 세 아들을 죽이기까지 하였다. 수왕은 황제가 그토록 총애하던 죽은 무혜비와의 사이에서 태어난 아들이다.

황제는 운명을 조작하였다.

황제는 그녀를 도교(道教)의 도사(道士)로 만들고, 말하자면 여승을 만들어 아들과 이혼을 시킨 것이다. 형식적으로는 이혼한 여인이다.

그때부터 황제와 양귀비의 불꽃놀이는 걷잡을 수 없이 타올랐다.

현종이 며느리를 간택한 배면에는 유전자가 있었다.

현종의 할아버지는 현종의 아버지의 후궁이었던 무조(武照, 則天武后)를 빼앗아 후궁으로 들였으니, 할아버지와 손자의 똑같은 행위는 순전히 유전자 소행이다.

아무튼 양귀비의 등장은 황제 현종의 운명은 물론, 당나라 왕조의 운명까지 바꿔놓고 말았다. 양귀비가 현종의 총애를 받고부터 양씨 일문의 득세가 시작되고, 마침내 안록산의 난으로 이어지면서 당나라는 몰락의 길을 걷는다.

장안(長安)은 함락되고, 황제 이하 관료들은 도망을 치고, 마침내 나라를 망친 여인이라는 병사들의 분노에 의하여 황제와 귀비는 최후의 이별을 맞게 된다.

고역사는 그녀를 목 졸라 죽여 마외 역 노변에 묻었다. 그리고 그들의 사랑의 이야기는 역사의 뒤안길로 사라졌다.

클린턴 대통령을 궁지로 몰아넣은 결정적 물증은 대통령의 유전자 때문이었다. 르윈스키는 대통령과 관계한 후, 대통령의 정액이 묻은 푸른 드레스를 보관하고 있었던 것. 이 드레스는 증거물로 채택되고, DNA 검사를 위해 FBI의 실험실로 보내졌다.

남자들 바람피우는 이야기는 다반사에 속한다.

왜 그럴까?

그 이유는 간단하다. 유전자의 운명 때문이다.

모든 생명은 본질적으로 자기복제와 자기보존의 특성을 유전자에 내포하고 있다.

그중 남성의 유전자는 공격형이고, 여성의 유전자는 수비형이다.

남자는 바람을 피우는 형질이고, 여자는 바람을 쏘이는 형질의 유전자를 갖고 태어난다.

만일 남성 유전자와 여성 유전자가 다 함께 수비형이 되면 인류는 멸종하게 될 것이다. 바람기는 자기보존의 본능적 수단인 것이다.

그렇다면 인간이 시도 때도 없이 짝짓기를 하고 바람을 피우는 이유는 무슨 조화일까?

대통령을 바람둥이라 팔매질하기 전에 유전자의 소행을 이해할 줄도 알아야 한다. 고개 숙인 남자들은 여성들의 바가지에 고뇌한다.

"그것도 물건이라고 달고 다니느냐?"는 둥.

"감자가 두 말이라도 끄덕거려야 보배지…."

하여튼 가정파탄의 본질적 문제는 그 신통찮은 물질 반응 때문에 발생한다. 비아그라는 의약이라지만 역시 화학물질이다. 고개 숙인 물건이 비아그라 먹었다고 빳빳해진다는 건, 물질반응의 반증이다. 비아그라는 일종의 발정물질이다.

그렇다면 과연 사랑은 존재하는가? 사랑의 실체는 무엇인가?

결론부터 말하자면 사랑은 없다. 사랑은 다만 허상이요 허구일 뿐이다. 사랑이란 물질의 정보에 의한 유전자 욕구의 반응일 따름이다.

클린턴 대통령이나 현종 황제는 육체적 내부환경이 충족된 상태에서, 외부환경이 충동적일 때 그들의 유전자는 걷잡을 수 없는 행동으로 반응한 것이다. 이것은 고차적 물질반응이다.

사랑이란 유전자의 자기복제 내지 종족보존의 수단이며, 자기표현인 것이다.

열차가 제천역에 닿았다. 버스로 갈아타고 영월로 들어갈 작정이지만 그 이후의 일정은 나도 잘 모르겠다. 이효석 생가와 김삿갓 묘를 찾아갈 생각인데 정확한 위치에 관한 정보가 신통찮기 때문이다.

12. 영월

“인생은 연극이다.” “소설보다 더욱 소설 같은 인생.”

나는 이런 소리를 들을 때마다 이상한 생각에 사로잡히곤 하였다.

사람 사는 모습이 꼭 무슨 소설의 줄거리처럼 짜맞춘 듯한 기분, 누군가의 각본에 의해 기획된 듯한 진행 과정에서 나는 늘 그런 생각을 하곤 했었다. 그중에서도 특히 내가 남행길에 잠시 들리기로 한 김삿갓(金笠), 김병연(金炳淵) 가(家)의 스토리는 더욱 그렇다.

병연(金炳淵, 1807~1863)의 과거시험과 장원급제(1826년), 과시(科詩)의 시제(詩題)와 가문의 내력(來歷), 그리고 할아버지와 홍경래의 난, 하필이면 시제가 할아버지를 욕하고, 스스로의 가슴에 씻을 수 없는 상처를 남길 시제(詩題)였을까?

왜, 할아버지는 하필 그때 그 난리의 와중에 술 취했을까?

마치 잘 짜여진 시나리오 같은 한 인간의 삶에서 나는 다시 한 번 우주적 프로그램을 실감한다.

시인(金笠)의 무덤은 영월군 하동면 와석리에 위치해 있고, 영월에서 무덤 앞까지 가는 버스도 있다.

이효석(李孝石)의 생가에 메밀꽃은 없었다.

어정어정하다가 늦게 도착하였다. 영월에서 평창, 평창에서 봉평.

효석 생가에 가면, 메밀묵에 동동주를 맛볼 수 있다는 택시기사의 말만 믿고 갔다가 헛방.

창평도 봉평도, 시골은 간 데 없고 모두가 도시화되어 있었다. 가는 데마다 관광이다 개발이다, 옛 풍치는 사라지고 공해로 신음하는 자연만 안타깝다.

동강(東江)은 오대산에서 발원하여 영월을 흐르는 빼어난 경관이다.

자연보호를 한답시고 댐 공사를 중단하는가 하였는데, 트레킹이다 레프팅이다 관광객이 떼 지어 몰려들어 개판 치면서 산이고 강이고 엉망으로 만들어 버렸다는 소문이다.

사정없이 미끄러져 내려가자. 시원한 바다가 보고 싶다. 제주도나가 볼란다.

영월이다, 평창이다, 봉평이다.

산골이면 예사산골이냐? 강원도하고도 두메산골, 예전 같으면 진종일 사람 하나, 버스 한 대 구경조차 하기 힘든 형편 이었는데, 이제 마음만 먹으면 서울, 대구, 부산, 한나절 반나절에 드나든다.

봉평의 효석 생가에 잠시 들렀다가 평창 나와서, 막국수에 탁배기 한 잔으로 여독을 풀었다.

세월아 네월아, 바쁜 일도 없다. 허지만 할 일 없이 두메산골에 머물 이유는 더더욱 없다. 창평에서 하룻밤 묵고, 느지막에 제천으로 빠져 나왔다.

대구, 부산을 거쳐 배편으로 제주도로 갈 모양이다. 가다가 마음 변하면 삼천포로 빠질지는 알 수 없지만.

대구행 직행버스를 타려면 한 시간은 기다려야 할 모양이다.

서울에서 산 책들이 배낭 속에 썩고 있다.

게놈, 유전자, 식물의 정신세계, 뭐 그런, 누가 보면 정말 시시할 수도 있는 그런 책들이다.

13. 외돌개

서귀포에서 시내버스를 타고, 서쪽으로 2, 3킬로미터쯤 가면 외돌개 휴게소가 나온다. 하차.

돌계단을 따라 숲을 내리다, 벼랑 끝에 마련된 전망대에 서면, "아…." 외돌개와 마주치는 순간, 사람들은 누구나 소리 없는 탄성을 지르게 된다.

외돌개.

바다에 외롭게 서 있는 바위라고 외돌개라 한다. 화산이 분출할 때 용암이 분출하여 굳어진 기암이다.

고려 말 최영 장군이 제주를 강점한 몽고 세력 목호(牧胡)의 난을 토벌할 때 외돌개 앞바다의 범섬은 목호들의 최후 항쟁지였다.

최영 장군이 속임수로 이 외돌개를 장군으로 치장시켰던 바, 목호들은 대장군이 진을 친 것으로 여겨 모두 스스로 목숨을 끊었다고 전

한다. 그래서 외돌개를 일명, 장군석이라고도 한다나?

기우는 석양을 담뿍 안고 모나리자의 미소를 머금은 듯, 아니다. 가이없는 넓은 바다를 안고, 홀로 외로이 억만 년을 살아온 고독의 비애를 머금은 듯 외돌은 그렇게 쓸쓸히 붉은 석양에 젖어 있었다.

바늘 같고, 촛대 같은 城, 외돌개.

높이 20m, 둘레 10m.

화산이 폭발하면서 분출된 용암으로 이루어진 神의 걸작이다.

저 멀리 떠 있는 범선(帆船)과 우두암(牛頭岩), 선녀바위로 둘러싸인 고석포 경관을 이름하여 남주 해금강(南州海金剛).

푸른 잔디에 자리 잡아 비박색(bivouac sack)으로 일박.

맥주 한 캔, 소주 한 병, 그리고 컵라면. 이것이 오늘을 마감하는 만찬메뉴. 내일의 여행에 가슴 설레이며 꿈나라로 직행.

일출의 장관을 뒤로 하고, 다시금 서귀포 시외버스 터미널. 안덕면 사계리의 산방산(山房山)으로 간다.

제주에는 세개의 산이 있다. 한라산과 산방산, 송악산이 그것이다.

제주의 대부분의 산은 오름이다. 큰 오름, 작은 오름, 노로 오름, 돌오름 등의 오름으로 불리어지거나, 아니면 법정 악, 어점이 악 등의 악(岳)으로 불리어진다.

그 밖에 산으로 불리어지는 몇몇 산이 있긴 하지만, 그건 일제 강점기 때 왜인들이 붙인 이름이고, 고래로 산으로 불리어져 내려오는 산은 상기한 셋뿐이다.

산방산은 조물주가 한라산을 만들 때 정상(頂上)을 뽑아 백록담을 만들고, 뽑아낸 정상을 던진 것이 산방산이 되었다 한다.

산방산 앞바다에 아름답게 떠 있는 두 개의 섬이 형제섬이다. 산방산이 한라산 정상에서 떨어져 나와 앉을 때, 떨어져 나간 바윗덩이는 형제섬이 되고, 형제섬이 떨어져 나가면서, 미끄러진 자리가 용머리다.

산방산 중허리에 산방굴사(山房窟寺)가 있고, 석굴 속에는 부처님이 봉안되어 있다. 천연기념물 제182-5호.

산은 검붉은 여느 산과 달리, 석회석인 양 대리석인 양 회백(灰白)이 얼룩진 채 풍화작용의 신비를 얻어 그야말로 아름다움의 극치를 맛보여 준다. 인적이 접할 수 없는 암벽에는 제주 특산의 각종 자생난이 자연 그대로 모여 사는 천연기념물 그 자체인 것이다.

산 중턱에 위치한 산방굴사는 자연암굴에 세워진 것으로 1천여 년 전 고려시대 혜인법사가 창건한 절이다. 굴 안의 넓은 천정에서 떨어지는 물방울은 산방산 수호여신인 산방덕(山房德)이 흘리는 슬픈 사랑의 눈물이라 전한다.

산방산을 내려와 용머리를 휘돌았다. 기암괴석의 연속이다. 제주야말로 환상의 섬이다. 절경(絕景)과 기관(奇觀)이 꼬리를 물고 그 자태를 숨바꼭질 하는 곳이다.

서귀포에서 모슬포행 시외버스를 타고 산방산 입구에서 하차, 산방산과 용머리를 둘러보고 모슬포로 직행할 수도 있겠지만, 나는 잠시 방향을 돌려 보성으로 간다.

보성으로 가려면 산방산에서 서귀포 쪽으로 되돌아 나와 화순에서 차를 갈아타야 한다. 보성에는 추사(秋史) 김정희(金正喜, 1786~1856) 선생의 적거지(謫居址)가 있다.

보성의 적거지는 추사 선생이 옥사에 연루되어 9년 동안 유배 생활하던 곳이다. 선생의 학문과 화풍, 추사체는 너무도 잘 알려져 있기 때문에 무식한 사람이 함부로 논할 처지는 아니다.

적거지에는 초가 4동과 연자마, 전시관 돌하르방 등이 보존되어 있다. 무척 조용하다. 여행길에 한 번쯤 들러 옛 선현의 자취를 만나는 것도 뜻있는 일일 듯싶어 들렀다.

보성에서 모슬포는 그다지 멀지 않다. 날씨, 매우 좋다. 바람이 약간 거칠긴 하여도 그건 三多의 제주에 특산물로 치면 날씨 쾌청에 버스 주차장에만 당도하면 기다림 없이 즉각즉각 버스가 대령이다. 홀로 떠도는 여행길, 그 이상 더 바람은 없다.

여행은 그렇다.

약간은 짜증스럽고 기다리고, 그리고 때로는 고통도 따를 때 여행의 묘미는 커지는 법. 관광버스 타고 관광회사 안내양 깃발만 보고, 줄지어 따라 다니면서 사진 몇 방 찍고, 우루루 또 다른 곳으로 몰려다니는 그런 여행은 무재미다.

모슬포에 닿았다.

마라도 배편을 알아본다. 내일 오전 10시 출항. 하루에 한 편 행정선이다. 송악산 산이수동에서 출항하는 관광유람선이 손짓하지만, 구름 같은 나그네에게 호사로운 유람선은 가당치가 않다.

잠자리는 물론 천지가 내방이다. 아무 데나 자리 깔고 누우면 내 침실. 나의 꼬마배낭에는 베개만한 텐트가 한 개 들어 있다. 텐트라기보다는 자루에 가깝다. 이름 하여 비박색(bivouac sack). 펴면 자루 같고 접으면 작은 베개만하다. 설치가 간편하고 부피가 작아 휴대하기 좋다. 아무 데나 자루를 펴고 버팀살만 끼우면 방이다. 들어가 앉으면 머리가 천장(?)에 닿는다. 허지만 그렇다고 아무 데나 자리 잡고 누울 수는 없다. 위치가 중요한 것이다.

우선 조용하고 편편한 곳, 화장실 가깝고, 이튿날 아침 세수하기 좋은 곳, 산 좋고 경치 좋고, 물도 좋다면 더 좋겠지. 마라도행 배는 내일 타기로 하고.

그건 그렇고, 점심때가 되었다. 빵 한 조각, 우유 한 팩으로 아침식사를 때운 터, 뱃속이 허전타.

서귀포에서 만났던 영실 등산장비점 주인 생각이 떠올랐다. 그는 제주産으로, 제주의 구석구석을 손바닥처럼 알고 있었고, 나는 그의 설명으로 제주도 여행에 필요한 많은 정보를 얻을 수 있었다.

“모슬포에 가시면, 마라도 뱃머리 항구식당으로 가보세요.”

두 말 없이 항구식당으로 직행. 정각 12시.

여행은 산수와 강산을 구경하는 맛도 좋지만, 때때로 그 지방 특산 요리를 맛볼 수 있다면 그 또한 멋져. 항구식당은 그렇다. 우선 깨끗해서 좋고, 싱싱해서 좋다. 비교적 값도 싸다. 생선회만 있는 게 아니다. 옥돔 찌개, 한치물회….

자, 다음 행선지는 마라도, 마라도로 건너가자. 대한민국 최남단 외로운 섬 마라도.

나는 내일 ‘가파도 그만, 말아도 그만’ 인 그 인심 좋은 섬, 마라도로 간다.

14. 인간의 비밀

나는 천천히 모슬포 해안을 걷고 있었다.

아직도 해 떨어질 시간은 멀다.

한가로운 시간이면 상념(想念)의 계곡으로 빠져든다.

왜, 왜, 왜 인간은….

야훼께서는 하늘로부터 유황불을 소돔과 고모라에 퍼부으셨다.

그리하여 그 골짜기를 쓸어버렸고 두 도시의 모든 주민들을 멸하셨다.

그런데 롯을 뒤따르던 롯의 아내는 뒤를 돌아다 본 탓으로 소금기둥이 되어 버렸다.

아침 일찍이 아브라함은 전에 야훼 앞에 섰었던 자리로 가서 소돔과 고모라 쪽을 내려다보았다.

아궁이에 연기가 치솟듯 골짜기에서 연기가 피어오르고 있지 않은가!

하느님께서 그 골짜기의 도시들을 파괴하실 때 아브라함을 기억하시고, 롯을 파멸의 와중에서 건져주신 것이다.

롯은 소알에서 살기가 두려워서 산으로 올라가 두 딸과 함께 동굴 속에서 살았다.

큰 딸이 작은 딸에게 말했다.

"아버지는 늙으셨고, 또 이곳에는 세상 풍습에 따라 우리에게 장가올 남자가 없구나, 그러니 아버지에게 술을 드시게 한 뒤에 우리가 아버지의 자리에 들어 아버지를 통하여 자손을 보존할 수 있도록 하자."

그래서 그들은 그날 밤 아버지에게 술을 들게 하고는, 언니가 아버지 자리에 들어가 누웠다. 아버지는 딸이 언제 들어왔다가 언제 나갔는지 알지 못했다.

이튿날 밤.

그들은 역시 아버지께 술을 들게 하였고, 이번에는 동생이 아버지 곁에 누웠다.

이렇게 해서 롯의 두 딸은 아버지의 아이를 갖게 되었다. 언니는 아들을 낳았는데, 이름을 모압이라 하였다.

그는 오늘날의 모압인의 조상이다. 동생 역시 아들을 낳았는데, 이름을 벤암미라고 불렀다. 그는 오늘날 암몬인의 조상이다.

야훼께서는 사라를 찾으셨고, 약속을 지키셨다. 그리하여 사라는 임신을 했고….

-창세기-

생명현상이란 물질의 인식과 그 반응현상이라는 것이 점진적으로 밝혀지고 있다. 모든 생명체는 종족보존을 위하여 자기복제를 한다. 그것은 유전자에 기록된 프로그램에 의해서 작동되고, 인간이란 어떤 물질이 어떤 구조로 구성되어 있느냐 하는 문제일 뿐 모든 생명체의 그 본질은 하나다.

15. 아라비안나이트

10시 정각. 삼영호.

우리들의 작은 연락선, 통통배가 모슬포 포구를 벗어나는 순간, 저만치 가파도와 마라도가 잡힐 듯 다가온다.

바다는 쪽빛, 하늘은 코발트. 물길 따라 40여 분, 까아만 용암을 깔고 섬은 푸르른 잔디를 입고 우리들 눈앞에 환상처럼 두둥실 그렇게 떠올랐다.

삼영호를 타고 온 일행은 10여 명. 모두들 연고를 찾아 흩어져 가고, 청도에서 왔다는 곽 군과 나는 야영장 곁에 배낭을 내렸다. 인적 드문 외톨이 섬에 도적이 있을 리 없다.

우리는 배낭을 아무렇게나 내버려 두고 곧장 섬을 한 바퀴 돌아보고자 나섰다. 카메라만 달랑 챙겨들고.

마라도에는 네 개의 선착장이 있다. 자리덕, 살래덕과 최남단비 곁에 있는 장시덕. 그리고 오솔길로 이어지는 신작로 선착장이 그것이다.

가파도는 절벽이 흔치 않는 반면 마라도는 사위가 벼랑으로 되어 있다. 곳곳에 수억 만 년 세월을 타고 검은 용암은 파도에 부서지고 파여 해식동굴(海蝕洞窟) 여기저기에는 악마의 검은 이빨처럼 날카로운 바윗날이 돋아 있다.

살래덕을 지나 남으로 가면 등대가 있고, 등대 아래 갯가에는 '대한민국 최남단'이라 쓰여진 석비가 서 있다.

섬 일주 소요 시간 약 1시간 정도.

나는 섬을 거닐면서 자꾸만 멜빌(Melville Herman)의 모비딕(Moby Dick)을 연상하였다. 그리고 포경선, 에이허브(A hab) 선장.

모비딕은 백경(白鯨)이다. 그러나 마라도는 한 마리 거대한 검은 고래처럼 생겼다. 시커먼 고래, 수억만 년 세월을 먹고 살아온 검은 고래. 고래는 늙었고, 늙은 고래 등에는 어느덧 부유물질이 쌓이고, 부유물질은 흙이 되고 풀이 돋고, 지금은 저 불타는 태양을 이고 하얗게 반짝이는 억새꽃들이 되어 있다.

푸르디푸른 잔디와 어우러져 한 폭 그림으로 떠 있는 섬, 고래처럼 그렇게 생긴 섬이 이 나라 최남단 마지막 한 점 마라도다.

태양은 바다로 떠서 바다로 진다. 낚싯줄이 허공을 자르며 휘파람을 불 때쯤 태양은 태공의 어깨 너머로 조용히 낙조를 드리우며 장엄하게 사라져 가고, 하나 또 하나 별들이 하늘을 메우며 빛나기 시작한다.

언제나 빛나는 별들이지만 이처럼 찬란하게 가까이 다가서서 마주

본 적 일찍이는 없었던 것만 같은 그런 별. 곽군과 함께 한 배를 탔었던 김씨라는 태공과 어우러져 소주잔을 기울이며, 끝없는 마라도 이야기로 밤은 깊어 갔다.

나만의 생각인지는 모르지만, 세상을 살아간다는 것이 그렇게 만만한 것이 아니라는 것은 살아 본 사람이라면 누구나 느낄 듯싶다. 세상만사가 그렇게 쉽게 내 뜻대로만 되는 것이 결코 아니고, 아무리 철저하게 계획을 세우고 최선을 다했다고 생각하여도 모든 일은 언제나 스스로만 굴러가고 있었다.

나는 차츰 내 스스로라는 것은 없다는 생각에 빠져들고 있었다. 나는 차츰 물렁뼈로 변질(? 되기 시작하였다. 무슨 일이든 고집부리지 않는 쪽으로 방향을 틀어 버린 것이다. 그래서 나는 늘 이렇게 말하는 버릇이 생겼다.

"그냥 되는 대로 살자."

누군가 이렇게 말했다.

"자식하고 고스톱은 마음대로 안 된다."고.

어디 마음대로 안 되는 게 자식하고 고스톱뿐이던가, 글쎄….

내가 살아 본 내 인생에서 나는 내 뜻대로 살아 본 적이 별로 없는 것 같아 오래전부터 생각을 바꿔 버린 것이다.

"억지로 되는 일은 없다. 그냥 형편 돌아가는 대로 살자."

그렇다고 감나무에서 감 떨어지도록 기다린다는 얘기는 결코 아니다. 일할 때는 당연히 열심히 일하고 어려운 일 만나면 최선을 다한다던가. 좋은 말로 하자면, 다만 무리하지 않고 순리에 따른다고나 할까.

옛 사람은 말했다. '귀가 순해진 탓' 이라고. 이 이야기는 나중에 다시 거론할 우주의 시나리오(Scenairo)론과도 깊은 관계가 있다.

여행 또한 그렇다.

내가 아무리 좋은 작전을 짜고 목적지를 결정하고 계획을 세우지만, 여행은 항시 나를 끌고 엉뚱한 곳으로만 향해하고 있었다.

서울에서 내려올 때만 하여도 나는 흑산도나 추자도 혹은 서해안 쪽으로 방향을 잡을 생각이었다. 그러나 집에 잠시 들르는 사이, 엉뚱하게도 여정은 강원도 쪽으로 방향이 돌아 버린 것이다.

지난해 여름 전국일주 여행을 함께한 K사장으로부터 전화가 걸려왔었다. 작년의 같은 일행과 강원도 집중공격형 여행을 떠나자는 것이다.

일주일간의 강원도 여행을 마치고 돌아오자 이미 추석은 가까웠고, 서해안 여행은 흐지부지로 끝나 갔다.

허지만 나의 혈관에 흐르는 역마살(驛馬煞)은 나를 한자리에 머물게 하지 않고, 나의 영혼과 육신을 쑤시기 시작한 것이다.

여행도 해야겠고 아르바이트를 하여 경비도 벌어야겠고. 오래전부터 나의 생각은 그러하였다.

가을이 깊어 가면 밀감이 익을 터이고 밀감이 익으면 일손이 필요할 터인데, 가자 제주도로 가자, 제주도로 가서 오렌지 나무숲에서 일을 하고, 오렌지 향기에 취하면서 돈도 벌고 여행도 하고, 나의 배짱은 그런 엉뚱한 묘안에 스스로 회심의 미소를 지었다.

그래, 제주도로 가자, 마음을 정하면 행동은 일사천리. 그러나 매사가 어디 내 맘대로 되는 감. 출발하는 날 공교롭게도 선박이 수리를 위해 독(dock)으로 올라가 버렸다. 이튿날이 되자 폭풍주의보가 내려졌다. 근해의 소형 여객선들은 모조리 발이 묶이고, 다행히 서귀포행 카페리만 출항한다 하였다.

황천항해(荒天航海).

그러나 다행히도 배는 심하게 흔들리지 않았다. 허지만 여행이 시작부터 그렇게 순탄하지 만은 않았다.

화객선은 제주 카페리 1호. 2500톤급이다. 승객이 아마 수백 명은 탈수 있을 것 같았지만 승객 수는 불과 이삼십 명, 화물만 잔뜩 싣고 선실은 태반이 비어 있는 항해였다. 낮은 칸막이로 된 객실마다에는 한두 명 혹은 이삼 명 승객만 타고 있었다. 어떤 방은 빈 채로다. 세상이 좋아진 탓인가 요즘은 모두가 비행기만 좋아 한다나?

내 방에는 10여 명 승객이 정원인 모양인데 세 사람이 들었다. 노년기에 접어든 중년 여인, 머리 기른 도사풍 승려, 그리고 나.

배는 폭풍 사이를 헤집고 높은 산꼭대기로 기어올랐다가 때로는 천길 지옥으로 떨어지듯 곤두박질치면서 헤엄쳐 가고 있었다.

우리는 짜릿한 공포와 기이한 호기심, 그리고 신비로운 쾌감 같은 것을 느끼면서, 혹은 잠들고 때로는 각자의 신세타령 같은 인생살이를 엮으면서 기나긴 항해를 풀어 나갔다.

여인은 제주도가 고향이다.

꽃 같은 나이에 4,3사태가 벌어지고, 제주도에 들어온 육군장교와 사랑에 물들고 마침내 결혼하였다.

시고 단 십여 년 신혼이 흐르고, 아들 둘, 딸 하나 삼남매가 생겼다. 그때 까지만 하여도 그들은 여느 신혼부부들이랑 다를 바가 없는 생활이었다. 그러나 사람이 한평생을 산다는 것이 그렇게 순탄한 것만은 아니었던가.

그녀의 남편에게 새로운 여인이 생긴 것이다. 아리따운 미모의 처녀. 단란하던 가정에 태풍경보가 내려지고 그녀의 항해는 황천항해로 바뀌어 버렸다. 그녀는 남편과 결별을 선언하고 세 아이와 함께 부산으로 건너갔다.

그리고 37년. 꽃같은 청춘은 백발이 되고 어느덧 그녀의 나이 63세. 부산 영도에 닻을 내린 그녀는 간난신고(艱難辛苦), 피나는 노력으로 자식 삼남매를 훌륭하게 키워, 결혼시키고 고향에 토지를 마련하여 밀감밭을 이루었다.

인연의 시나리오는 기이한 방향으로 돌아가는가.

그녀의 사랑을 빼앗아 간 여인이 지난여름 간암으로 타계한 것. 어느 날, 홀로된 그 옛날의 남편이 그녀의 농장으로 찾아온 것이다.

"하하하, 잘되셨군요. 버리고 떠나셨던 분이 되돌아 오셨으니 다행한 일 아닙니까? 반갑게 맞으셔야죠."

"다행이라구요? 그런 말씀 마세요. 내 인생 삼십칠 년을 어디서 보상받는단 말이에요, 난 죽어도 그 원수 같은 남편은 받아들일 수가 없어요."

그녀의 남편은 심한 당뇨병 환자가 되어 있었다.

"허지만 어쩔 수 없는 일 아닙니까? 미우나 고우나 남편은 남편 아닙니까?"

"아무튼 난 용서할 수가 없어요."

여인은 결코 남편을 받아들일 수 없다고 말했다. 한동안 침묵이 흐른 후, 나는 조용히 타이르듯 말했다.

"아주머니, 남의 입장을 이해도 못하면서 이런 말씀 드리는 건 미안합니다. 허지만 아주머니, 지나간 삼십년 보다 앞으로 살아갈 삼십년이 더욱 소중한 게 아닐까요? 한 맺힌 마음을 풀고, 이제 늙고 서로가 외로워지려는데 짧으나마 나머지 인생을 진정으로 복되게 가꿀 수만 있다면 흘러간 삼십 년 세월을 앞으로 살아갈 몇 년으로 다 씻을 수도 있지 않겠습니까? 행복은 스스로 만든다고 하였습니다. 한 맺힌 세월을 하루아침에 지울 수는 없겠지요. 마음을 비우시고 한 발짝 한 발짝 남편을 이해하는 쪽으로 다가서 보십시오."

그리고 그녀도 나도 아무 말 하지 않았다.

화객선의 엔진소리가 새삼 소음으로 다가왔다.

S씨는 아마 나보다는 서너 살 아래로 생각되었다. 그러나 그의 얼굴에는 나보다 주름살의 골이 깊었고, 심한 백발에 그리고 그는 대머리였다. S씨는 문자 그대로 일자무식. 학교라고는 초등학교 문 앞에도 가본 적 없다.

시골의 머슴에서 머슴으로 전전하다 뚝심 덕으로 이웃의 눈에 들어 지금의 부인을 얻었다는 것. 결혼한 S씨는 처가의 은혜로 머슴살이를 마감하고 시골에 작은 상점을 개업하였다.

구멍가게. 오다가다 농촌 유지들 화투놀이도 하고 소주잔도 기울이는 그런 사랑방 같은 상점이었다.

허지만 일자무식 S씨, 화투놀인들 잘할 수가 있을 리 없다. 화투만 만졌다 하면 언제나 잔돈푼만 날릴 뿐이다.

비 오던 어느 날.

시끌벅적한 화투판에 지나가던 중늙은이 한 사람이 비를 피해 상점으로 들어왔다. 과객이 화투판에 끼어든 것이다. 화투놀이가 파하고 모두들 돌아갔다.

짓궂은 비는 그칠 줄 모르고 그냥 내린다.

"주인장, 화투 얼마나 오래 쳤오?"

과객이 물었다.

"글쎄올시다. 찾어오는 손님을 내쫓을 수도 없고 해서 함께 놀다보니 마냥 털어만 넣는 판이죠. 허허…,"

"딱도 하시오. 그 솜씨로 화투놀이하다간 집문서 털어넣기 딱 알맞겠구료."

S씨 그날 밤, 그 과객으로부터 기이한 화투 재간을 배운 것이다. S씨는 혼자만 되면 노인으로부터 배운 화투 기술을 토닥거렸다. 한번 써먹은 기술, 두 번 써먹어 세 번.

어느 덧, 화투만 붙었다 하면 놀이판 돈은 S씨 돈이었다. 소문을 듣고 찾아온 유명한 꾼들도 붙었다 하면 모조리 S씨의 밥.

S씨. 노름만 잘하는 게 아니라 마을의 유지에다 사교 수단 고수(高手).

밀주 단속반이 나타난다, 마을에 사고가 터진다. S씨가 도맡아 처리해 버린다. 면이면 면, 파출소면 파출소. 면장부터 파출소 소장하며 직원들이야 불문가지(不問可知). 세무서 직원에 이르기까지 안 통하는 데 없이 그야말로 사통팔달(四通八達) 무불통지(無不通知).

세상만사 새옹지마(塞翁之馬).

갑종유지 S씨에게도 액운의 그늘이 다가오고 있었다. 누군가 밀고가 들어가고 꼬리긴 노름꾼 S씨, 구속되게 되었다. 허지만 도망치라는 정보가 체포영장보다 먼저 도착하고, S씨는 그날로 봇짐을 챙겨 서울로 직행.

그는 서울에서 생률(生栗)장수로 변해 있었다. 일류 요정에 밤 납품. 뚝심의 S씨, 생소한 직업이었지만 머나먼 사돈의 팔촌 연줄로 시작된 생률 장수가 시골 노름판에서 사기 쳐 긁어모은 돈보다 더 큰 재미를 본 것이다.

소설 같은 S씨의 인생살이에 기이한 변화가 찾아왔다. 神이 내린 것이다.

무진장 돈은 벌었지만 모든 것이 허망하게 느껴지기 시작한 것이다. 자고새고 술만 퍼마셨다. 끼니는 굶고 술만 마시면서 육신은 쇠약해지고 정신은 황폐되었다.

그런 어느 날. 꿈도 현실도 아니면서 허공에서 기이한 소리가 들려왔다.

"빨리 이 집을 떠나라. 떠나지 않으면 너와 너의 일족은 천벌을 받을 것이다."

그런 소리가 계속해서 들려왔다. 정신을 차린 S씨, 기이하게 생각하면서도 반신반의(半信半疑), 가족과 함께 고향으로 선친의 산소에 다녀왔다.

그 사이 언덕이 무너지고, 언덕 아래에 있던 집이 흙더미에 깔려버린 것이다. 그 이후 S씨에게 기이한 현상이 생겼다.

누구든 아픈 환자를 S씨가 한번 만지기만 하여도 환자의 병이 낫는다는 것이다. 어쩌면 황당하기조차 한 이야기였다. 그는 지금 충남 어딘가에 절을 짓고 있다 하였다.

마치 아라비안나이트를 듣고 있는 듯한 착각에 빠져 있는 동안 항해는 끝났다. 카페리가 서귀포항에 닿아 있었다.

외돌개에서 첫 밤, 추사 선생 유적지와 산방산, 그리고 용머리를 돌아보고 모슬포에서 두 번째 밤을 보냈었다. 사흘째 밤이다.

마라도의 별빛은 유난히도 반짝인다. 프랑크 시나트라라고 하던가, 미국의 어느 부호 배우가 마라도의 아름다움에 빠져 섬을 통째로 사겠다 하였다는 전설이 있다.

곽군과 김씨는 잠이 든 모양이다. 다소 피곤하긴 하였었지만 좀처럼 잠이 오지 않았다. 나는 살며시 일어나 밖으로 빠져 나왔다. 우리 세 사람은 선착장 곁, 벼랑 끝에 있는 팔각정 휴게실에 여장을 풀고 잠자리를 마련하였었다.

건너편 산방산과 모슬포 쪽의 불빛이 하늘의 별빛과 어우러져 환상의 야경을 연출하고 있었다.

"어디로 갈까?"

내일의 일정을 나는 모른다. 내일의 일정만 모르는 것이 아니다. 모든 것이 아득할 뿐 내가 아는 것은 아무것도 없다.

나는 누구냐?

나는 어디서 와서 어디로 갈 것이냐?

나는 왜 존재하는가?

16. 마라도

강 사장과 곽군은 모슬포의 마라도행 선착장에서 만났다.

강 사장은 서울에서 건설업을 한다는 낚시꾼이었고, 곽군은 여행이 좋아 직장도 포기하고 여행을 떠났다는 청년이다.

강 사장의 낚시도구는 혼자서 운반하기 힘들 정도로 다량이었다.

나는 그의 짐 운반을 도와준 인연으로 그와는 금방 친해질 수 있었다. 그러나 그는 민박에 들기로 하였고, 나와 곽군은 빈 팔각정에 배낭을 풀었던 것.

엊저녁에 대충 둘러보긴 했었지만, 나와 곽군은 천천히 섬을 음미하기 위하여 팔각정을 나섰다.

마라도가 초행인 나에게는 참으로 아름다운 섬이었다. 수만 년 파도에 씻겨 형성된 해식(海蝕)동굴들, 마치 수석(壽石)전시장 같은 기괴한 모습의 용암들. 그리 높지 않은 산언덕(해발 39m)에는 아름다운 억새풀 꽃이 은빛으로 바람에 휘날리고, 해안은 온통 푸르디푸른 천연잔디로 덮여 있었다.

남으로 망망대해를 등에 지고, 벼랑의 머리에는 하이얀 성곽처럼 등대가 서 있어 마치 동화의 나라에 들어온 착각을 느끼게 한다.

섬 주위에는 작은 어선들이 떼 지어 떠 있고, 여기저기 해녀들 휘파람소리 쉬임없이 들린다. 아스라히 북쪽 물 건너 제주에는 한라산이 병풍처럼 펼쳐진 가운데 산방산이 그림처럼 떠 있다. 과연 한 폭의 동양화라 하겠다.

섬을 한 바퀴 휘돌아 마을 입구에 이르러, 신통한 걸 하나 발견하였다. 구인광고였다.

"이런 바다 한가운데 외톨이 섬에서 구인광고라니…."

'사람을 찾습니다. 숙식 제공하고 월 급여 70만 원. 주인과 상의 요망'

나는 광고에 적힌 데로 찾아갔다.

구인광고의 주인은 육십대 중반의 영감님이었다. 민박을 하는 작은 상점이었다. 말하자면 구멍가게.

때때로 찾아오는 민박 손님을 안내하고, 상점 일을 도와주는 일이라 했다. 허지만 나하고는 상관이 없는 일. 필요한 사람은 여자였다. 밥하고 설거지 하고 청소하고.

"보아하니 품팔이해야 할 사람 같지는 않는데… 갈 곳이 마땅치 않으면 우리 집에서 지내시구료. 나하고 함께 먹고 자고, 돈 달란 소리 안 할테니, 휴양 온 셈 치고."

이렇게 해서 공짜 관광, 공짜 인생이 시작되었고, 강씨와 곽군도

옮겨 왔다. 내가 강 사장을 찾아가 여차여차 사정 이야기를 하고 옮겨 왔다.

그날부터 사흘 동안은 줄창 낚시만 다녔다.

강 사장은 완전히 낚시에 빠진 사람 같았다. 그도 그럴 것이 낚싯대 던져넣기 바쁘게 올라오는 판국이니 낚시에 빠질 수밖에. 한두 시간 낚시를 하고 나면 그때부터 술이다. 갓 잡아 올린 싱싱한 생선에 소주 한잔.

"낚시는 이 맛으로 하는 거라구."

그뿐 아니다. 집주인 김씨는 오후에 그물을 치고, 이튿날 아침에 거둔다. 육지에선 그토록 값비싼 어족들이 여기선 지천이다. 이러기를 3박4일. 마침내 강 사장과 곽군은 떠났다.

그리고 고요가 찾아왔다. 마라도, 22가구 26세대.

47명의 마라도 사람들 중 남자와 젊은이는 모두가 뭍으로 떠났고, 남은 여인들도, 잠수복을 입고 바다로 떠나 버리면 섬은 텅 빈다.

귀 기울이면 방 안에서 파도소리를 들을 수 있다. 창문을 열면 바다가 끝도 없이 펼쳐지고, 뒷문 밖에는 억새풀 우는 소리. 그리고 고요.

아, 마침내 조용히 아주 조용히, 나는 이제 나의 시간을 만난다. 물론 전화도 전기도 TV도 다 있다. 허지만 그런 것들 싫어진 지는 이미 오래다. 자고새면 사고 소식, 세계 곳곳 전쟁 터지는 소식, 몇 십억 몇 백억 모리배들 배 터지는 소리, 사람 기죽이고, 소외시키고 왕따 만드는 그런 소리, 질려 버린 지 이미 오래다.

나는 때때로 잔디를 걷고, 그리고 神의 손으로 다듬어진 아름다운 수석과 그림처럼 고운 경치를 포식하는 생활만이 오늘의 나의 생활이다.

이른 아침. 해뜰 무렵에 언덕에 서면 저 건너 모슬포 쪽에 물안개가 서리고, 산방산 한라산이 물안개 사이에서 그림처럼 떠오른다.

"아…."

나는 그냥 감탄한다.

점심을 먹고 형과 나는 망태와 갈퀴를 챙겨들고 바닷가로 나간다. -그와 나는 나이 차이가 제법 났었지만 그냥 '형' '아우' 하기로 결정 보았다. 나의 넉살과 사람 좋은 김씨의 궁합이 맞은 탓이다-

썰물의 물때를 맞추어 소라를 주우러 가는 것이다. 네 마리 개들을 앞뒤로 대동하고, 썰물 해안은 새로운 장관을 펼친다. 맑디맑은 물속에 온갖 생물이 서식한다. 해조류(海藻類)의 숲 속에는 파충류와 물고기들이 떼 지어 놀고, 소라와 성게들이 지천으로 널려 있다. 주먹보다 더 굵은 소라들이 지천으로 널려 있어 금방 한 망태기다.

김씨는 술 없이는 못사는 사람이다. 자고 나면 소주 한잔에서부터 하루 일과가 시작된다. 이제 돌아가면 소라 안주로 소주파티를 벌일 판이다.

또다시 혼자의 시간이 돌아왔다. 조용한, 너무도 조용한 시간이다. 집으로 전화도 해야겠고, 딸의 결혼 소식을 전해 온 친구에게 예식에 불참한 사과 편지도 한 장 써야겠다.

장 박사.

보고 싶구료. 막소주 한잔에 생선회, 그리고 장 박사.

소주잔만 보면 생각나는 사람, 장 박사.

물론 집안은 두루 안녕 하시겠죠.

장 박사. 풍문으로 경사의 소식을 전해 듣고 잠자코만 있을 수 없어 pen을 들었다오. 여식이 출가를 한다지요. 축하하오.

내 분명 장 박사 경사에 참석하여 축하해야 도리인 줄 아오마는 형편이 어렵구료. 용서하오.

내 이미 투울툴 먼지를 털고 일어나, 구름이 되고 바람 된 지가 오래라오.

여기는 마라도라는 곳이라오. 대한민국 최남단이라는 비(碑)가 있는 곳이라오. 창밖에 날카로운 휘파람소리 들리고, 무더기 무더기로 별들이 쏟아져 내리는 곳. 공해라고는 소문으로만 들을 수 있는 곳, 마라도.

마라도가 좋아, 그냥 눌러앉아 버렸다오. 한 열흘쯤 머물다 일어설지 혹은 한두 달 아니, 어쩌면 몇 년을 눌러 버릴지도 모른 채 나는 마라도에 빠져 버렸소.

오늘, 마라도의 끝머리 천길낭떠러지에 올라 그물을 드리웠소.

세월을 만선(滿船)으로 건지려오.

장 박사, 실감이 갈지 모르겠구료.

내일 아침 붉은 태양이 동해바다를 끓이며 타오를 때, 나는 그물을 건질 거요. 아마도 월척의 도미들이 용틀임을 할 거요.

오늘도 서울의 낚시꾼 K사장과 한바탕 낚시질하여 따치랑 쥐치사촌에 도미 새끼를 한 바구니 건져올려 신나게 잔치판을 벌렸다오.

여기는 지금 천국이오. 마치 동화의 세계 같은 세상.

아쉬움이 있다면 다만 그리운 사람 곁에 없어, 늘 그리워만 하다

마는 그런 시간이 때때로 가슴을 눌러올 뿐, 도무지 가슴앓이 같은 건 없는 곳이라오. 은빛 억새풀꽃 반짝이며 춤추고, 푸른 잔디에는 흑염소 떼 풀을 뜯을 뿐, 차 소리 사람 소리 들을 수 없는 아름다운 곳 마라도. 나는 지금 마라도에 있소.

바람이 구름을 싣고 흐르고, 구름이 바람을 안고 떠돌듯 나 또한 바람인 듯, 구름이 되어 떠돌다 어느 날 그대 장 박사 곁에 닻을 내릴 때, 그날 우리 또다시 막소주 멍게랑, 소라 해삼에 밤새워 취해 봅시다.

아무튼 반갑구려 축하하오.

부디 건강하시오. 부인께도 안부 전해 주시구려.

그럼 또 봅시다. 안녕.

10. 10.

마라도에서

17. 물질의 인식과 정신세계

마라도에서 일출의 장관(壯觀)을 자랑한다면, 일몰의 아름다움 또한 빠뜨리기가 서운하리라.

잿빛 하늘에 붉은 피를 토하고, 처절히 침몰하는 석양의 낙조는 제우스의 형벌을 등에 지고 카프카스(Kavkaz)산에서 굴러 떨어지는 프로메테우스(Prometheus)의 마지막 절규처럼, 사람의 가슴에 참담한 그늘을 드리우며 사라져 가고, 아! 나는 우주 속에 영혼을 빠뜨린 채 빈 껍질로 돌아선다.

이윽고 새들마저 둥지를 찾아 사라지면, 나는 보드라븐 해조음 소리를 따라 사색(思索)의 바다로 빠져든다.

과연 나는 누구인가?

정신의 세계란 무엇인가?

정신, 마음, 생각, 지능, 인식 등 이러한 단어들은 정신세계와 어떤 관계가 있을까?

인간의 고뇌에 대한 해석을 얻기 위해 방황하던 여행이 이제 그 근원적 뿌리가 정신세계에 있음을 느낀다.

그러나 아직도 생각이다 마음이다 하는, 이러한 추상적 실체에 대한 정의를 내리기에는 이른 것 같다.

우선 '마음'의 정의를 내리기 전에 몇 가지 더 만나야 할 문제들이 남아 있다. 물질들의 인식기능과 컴퓨터의 정신세계를 짚어 볼 필요가 있다.

존재하는 모든 물질은 살아 있다.

물질의 본질이 에너지임을 우리는 이미 알고 있다. 그리고 모든 물질은 원자들의 결합인 분자구조에 의해서 물성(物性)이 결정된다는 것도 우리는 알고 있다.

원자가 원자핵을 중심으로 무섭게 돌아가는 전자들의 움직임이라는 것도 우리는 알고 있다.

생명이란 이러한 움직임들이 어떻게 만나 어떤 상태로 형성되었느냐에 따라 생물이 될 수도, 무생물이 될 수도 있다는 사실도 우리는 알고 있다.

우주에 존재하는 모든 물질이 근본적으로 불과 100여 종의 원자들로 형성되었고, 이들 원자들 또한 양자와 중성자로 이루어진 원자핵에 몇 개의 양자가 어떻게 운동하느냐에 따라 그 물성이 결정된다는 것도 우리는 알고 있다.

우주에 존재하는 모든 원자들은 스스로 운동한다. 만나고 헤어지고, 이합집산(離合集散)의 끊임없는 운동으로 우주는 존재한다.

동물이다 식물이다 하는 이분법적(二分法的) 논리를 벗어 버리면 정신세계의 본성(本性)을 볼 수 있을 것이다.

정신이란 물질의 정보에 의한 유전자(物質)의 반응이다.

아인슈타인과 보어의 논쟁을 불러일으키고 불확정성 원리를 촉발시킨 소립자들의 이상한 행동들은 무엇을 의미할까?

식물의 정신세계. 정자들의 집단행동. 세포들의 생존 메카니즘. 물의 의식. 이러한 불가사의한 물질들의 이상한 행동들을 어떻게 설명해야 할까?

인간은 인간의 의식만 의식이라는 이상한 고정관념에 빠져 있다. 이들의 이상한 행동은 곧 물질의 의식을 증명하는 것이다.

물질이 인식기능 없이는 결코 반응할 수 없다. 물이 100도씨의 열을 느낄 수 없으면 물은 결코 끓을 수 없다.

우리는 물질의 결합체인 효소(단백질)나 유전자, 세포 등에서 생명체의 인식기능과 판단, 그리고 반응을 만날 수 있다.

동물이다 식물이다 하는 이분법적(二分法的) 논리를 벗어 버리면 정신세계의 본성(本性)을 볼 수 있을 것이다.

정신이란 물질의 정보에 의한 유전자의 반응이다.

18. 할망당에 오줌 싼 목사님 이야기

마라도에는 절이 있고 교회가 있고, 그리고 바다의 수호신인 할망을 모신 할망당이 있다. 교회와 절은 언덕 위에 있고, 할망당은 산방산이 건너다보이는 바닷가에 있다. 할망당이라고는 하지만 당집(堂寺)이 있는 것도 아니고, 돌을 아늑하게 쌓고 제물을 차릴 수 있도록 제단(祭壇)을 마련해 둔 자리다.

용왕님께 풍어를 빌고, 물길 떠나는 뱃사람들 뱃길의 안녕을 기원하는 용왕제를 지내는 곳이기도 하다.

어느 날, 이러한 성스러운 제단에 괴이한 사건이 터졌다.

마라도에 단 하나뿐인 교회의 목사님께서 그 성스러운 제단에, 귀중한 그 물건을 꺼내 놓고 오줌을 깔기다가 형님 나으리께 들켜 버린 것이다. 김씨 형님은 마라도의 갑종유지에, 용왕제를 지낼 때면 제주(祭主)이기도 하다.

토속신앙으로 보자면 분명 성스러운 제단이다. 용왕제라면 자자손손 대대로 물려오는 우리들의 풍속이며 신앙이다. 이러한 성스러운 제단도 하나님의 종이신 목사님의 눈에는 전혀 하찮은 돌무덤에 불과하였을지 모를 일이다.

토속신앙은 미신이고, 용왕제 따위는 부질없는 장난으로 보였었는지 모른다. 좌우튼 오줌은 쌌고, 삿대질이 거하게 벌어지다가 급기야 멱살잡이가 오가고 목사님, 얻어터진 홧김에 고소를 하였었다. 김씨 형님 맞고소하고, 결국 토속신앙 모독죄로 목사님만 벌금을 물었다나?

주관적으로 생각하면 생명보다 존귀한 것일 수도 있고, 객관적으로 보면 오줌을 싸 갈겨도 좋을 정도로 '엿' 같은 것이 종교인지도 모를 일이다.

"그래, 엿이나 많이들 잡숴여어,"

셈은 대홍수 때 살아남은 노아의 아들이다. 그리고 아브라함은 셈의 자손이자 노아의 자손이다. 이스마엘(Ishmael)과 이삭(Jishaq)은 형제이며, 둘 다 아브라함의 아들이다.

이슬람의 교조(敎祖) 마호메트(Mahomet)는 이스마엘의 자손이고, 이삭은 이스라엘의 조상이다.

2000년 9월 11일 뉴욕.

오전 8시 48분. 조용하던 뉴욕시를 혼란의 아수라장으로 몰아넣고, 110층(417m)짜리 건물을 폭삭 주저앉게 붕괴시킨 대참사가 일어났다. 수많은 사람들이 죽고 다치고, 온 세계가 부글부글 끓기 시작한 하루였다.

사람들은 말했다.

"문명충돌이다, 종교전쟁이다."고.

미국을 등에 업은 이스라엘과 아랍을 등에 업은 아프간. 충돌은 싱겁게(?) 끝났지만 입맛 쓴 한 판의 게임이었다. 형제간 싸움이 동네 싸움으로 변했던 것.

이스마엘과 이삭이 형제라면, 아랍과 이스라엘은 형제 아닌감. 먹거리 생기면 나눠 먹고, 그리고 서로 돕고 사랑하면 좀 좋으냐? 자고 새고 쌈박질 수천 년, 질리지도 않냐들?

"우째 이런 일이 일어났을까?"

한마디로 말해서 유전자 때문이다. 그런 걸 호왈 '이기적 유전자'라고 한다. 무엇이든 자기 위주로 생각하고, 자기를 위해서 행동하는 유전자의 본성. 남을 위한다는 것도 알고 보면 이 이기적 유전자의 기능 때문이다.

가파른 고갯길을 수레가 힘겹게 올라가고 있다. 누군가 수레를 밀었다. 고갯마루에 올라선 짐수레꾼, 이마의 땀 닦으며 고맙다고 말했다.

누가 누구를 도왔을까?

물론 밀어 준 사람은 좋은 일을 하였고 짐꾼도 고맙다 하였다. 그러나 도움을 주었던 그 사람이 만일 수레를 밀어주지 않고, 못 본 척하고 그냥 지나쳐 갔었더라면 어떠했을까? 모르긴 해도 아마 그는 두고두고 괴로웠을 것이다. 그는 남을 도움으로 마음 가볍고, 남을 도왔다는 기쁨으로 흐뭇해할 것이다. 그는 남을 돕기 이전에 자신을 도운 것이다.

신앙이라는 이름으로 자선하는 사람은 많다. 그러나 만일 천국이 없다는 것이 확인되고, 하느님이 엉터리라고 하였을 때도 과연 그들이 그렇게 헌신하고 자선할 수 있을까?

천국에 가고 싶어 자선한다면, 그거 혹시 위선 아닐까?

세계 평화 어쩌구, 흰소리를 하면서 무기 장사들 좋은 일 시키려는 검은 속셈은 아닌지?

그것도 혹시 위선 아닐까?

좌우튼 닭 먹고 오리발 보이는 이러한 인간들의 위선은 '우째서' 일어나는 현상일까? 혹시 하느님이 흙을 주물러 인간을 만드실 때 실수한 것 아닐까?

한마디로 말해서 이러한 복잡한 문제들의 본질을 들여다보면 그것은 유전자와 우주적 시나리오 때문인 것이다. 그건 또 무슨 소린가?

한꺼번에 모든 걸 다 터트릴 수는 없다. 하나씩 하나씩 풀어 보자.

우선 인간의 정신세계를 들여다보아야겠고, 인간의 두뇌와 유전자, 그리고 그들의 실체를 밝혀야 할 것이다.

19. 사이보그

1896년. 건양원년(建陽元年, 고종33년).

단발령이 떨어지고, 고종 황제가 상투를 잘라 버리자 나라 안이 윈통 벌집 쑤셔 놓은 듯 시끌시끌, 동짓날 팥죽 끓듯 들끓기 시작하였다.

장안의 四대문 밖에는 전국의 유림들이 몰려들고 곡소리가 울리고. 상투 하나 자르는데 그토록 세상 시끄러운 사태가 벌어진 까닭은 도대체 무엇일까?

언제나 인간은 새로운 것을 추구한다. 그런가 하면 한편으로, 인간은 언제나 새로운 것에 거부하고, 자기가 아는 것만을 고집하는 성향도 있다.

이러한 인간들의 애고이스틱(egoistic)한 성향을 NIH(not invented here) 신드롬이라 한다.

코페르니쿠스는 지동설을 떠들었다가 화형당할 뻔하였고, 다윈은

진화론을 외치다가 동료들과 주위로부터 맞아 죽을 뻔하였다.

모든 물질은 사고(思考)한다.

사람들은 말할 것이다. 그것은 궤변이라고. 그렇다, 그것이 궤변이라도 좋다.

그리스의 아테네에 가면 아고라(agora)라고 하는 데가 있다. 아고라에는 돌기둥과 석문이 줄지어 있고, 마치 폐허처럼 보이지만 유서 깊은 곳이다. 아고라는 고대 그리스의 수많은 성자와 철인들이 모여 토론하고 노래하던 사교장이었다.

그들 수많은 철인들을 소피스트(Sophist)라 불렀다. 소피스트란 현자(賢者), 혹은 지자(知者)라는 뜻으로 아테네에서 변론술을 가르치는 것을 업으로 하는 사람들을 일컬어 불렀는데, 말하자면 궤변학파, 궤변가를 말하는 것이다.

흔히들 우리는 형식적인 논리로 거짓을 진실처럼 지껄이는 소리를 궤변이라 한다. 그러나 그러한 아테네의 소피스트들 중에도 성자는 있었다. 궤변 속에도 진리가 묻어 있었던 것일까?

물질도 의식한다 말하면 궤변일 수도 있을 것이다. 그러나 이제 누구도 컴퓨터가 기억한다는 소리를 궤변이라 하지 못한다. 이제 컴퓨터의 기억 시대가 지나고, 컴퓨터의 지능 시대가 오고 있다. 바이오컴퓨터의 시대가 오고 있는 것이다. 컴퓨터가 스스로 설계하고, 스스로를 복사하고, 생물인지 기계인지 구별하기 어려운 컴퓨터. 인간의 세포보다 더 작은 컴퓨터. 나노컴퓨터, 양자컴퓨터가 그것들이다.

인간의 지능을 능가하는 컴퓨터가 등장하는 데도, 물질도 의식한다는 말을 궤변이라 할 수 있을까? 물론 생명 있는 세포의 인식기능과 무기체인 컴퓨터의 인식기능은 분명히 다르다. 그러나 그것은 무엇이 어떻게 만나느냐 하는 문제일 뿐이다. 미시세계(微視世界)인 원자이하의 세계에서는 물질 비물질의 경계가 무의미하기 때문이다.

얼마 전 메스컴의 보도를 잠시 열어 보자. 역시 세계적 물리학자, 스티븐 호킹의 이야기다.

"기계들이 몰려온다. 인류가 준비를 하지 않으면, 기계에 지배당하고 말 것이다. 유전자 조작을 통해 기계와의 경쟁에서 살아남아야 한다."는 경고성 메시지를 보냈다.

호킹 박사는 독일 잡지 〈포커스〉와 가진 인터뷰에서 다음과 같이 말했다.

"기계의 발전 속도를 따라잡기 위해서는 인간의 DNA를 향상시키는 수밖에 없다. 컴퓨터의 성능이 18개월마다 2배로 뛴다('무어(moore)의 법칙'). 이에 반해, 인간지능은 제자리걸음을 하고 있다. 컴퓨터가 인간과 세계를 통째로 지배하게 될지 모른다. 인공지능(artificial intelligence)을 인간의 두뇌 속으로 끌어 들여야 한다. 인간의 두뇌와 컴퓨터가 직접 정보를 교환하고 공유할 수 있는, 기술 개발이 시급하다. 인간이 로봇보다 우월한 생물학적 체계를 지니기 위해서는 이 길밖에 없다."

몸체는 인간이고, 두뇌는 컴퓨터인 인간.

인간인가? 컴퓨터인가?

*사이보그(cyborg)
사이버네틱스 오가니즘(cybernetics organism) 의 약칭. 생물과 기계장치의 결합체를 말함.

20. 세 개의 가면

내가 머물러 있는 마라도의 김씨 형님 댁에는 개가 네 마리 있다. 모두 얻어 온 개다.

한 마리는 스피치 종류의 삽살이고, 나머지 세 마리는 개에 관한 한 문외한인 내가 보아도 한눈에 똥개들이다. 자식들이 보신용으로 보내 왔다 하였다.

네 마리 개들의 이름부터 살펴보자.

스피치가 놈들 중 대우를 받은 탓인지 이름 하여 '맵시.' 그 다음 똥개들 중 진돗개 닮은, 잘생긴 놈이 '메리.' 그 밖에 두 놈은 아예 이름조차 없다. 그중 짱구같이 생긴 놈은 내가 별명으로 붙여서 '짱구'로 통하고, 막내둥이 제일 꼬마는 '삐야'로 불렀다.

메리와 짱구는 암컷이고, 스피치와 삐야는 수캐였는데 네 놈 중 가장 앙칼진 놈이 삐야였다. 이놈은 네 마리 개들 중 막내 격으로 체구도 가장 작고 나이도 가장 어린놈이다. 그런데 이놈이 네 마리 개들 중에 가장 소리가 크고, 앙칼지고 용감하다.

마을의 개들 중 제법 으스대는 놈들이 나타나면, 큰소리 치고 용감하게 설치는 놈이 삐야였다. 삐야란 이름은 '땡삐' 라는 땅벌의 이름을 잠시 빌려다 내가 붙여준 이름이다.

태양이 서쪽 바다 위에 서성이면, 구름은 황금빛 노을을 연출하려고 모여들고, 이윽고 갈색무늬가 서해를 감돌면, 태양은 갈색을 붉게 물들이기 시작한다.

마침내 사위는 찬란한 미다스(midas)의 금빛으로 물들고, 그리고 아, 황금빛 아름다움이 허망한 잿빛으로 사라져 갈 때, 나는 신발 끈을 조여 매고, 하루해를 마감하는 산책길을 떠난다.

내가 산책을 나서면 네 마리 개가 춤을 춘다. 즐거운 것이다. 허지만 오늘은 다르다. 세 놈은 외출금지령이 내려져 있기 때문이다.

자유롭게 풀어 놓은 어느 날, 마을의 염소를 물어 죽였던 것. 주민의 항의가 들어오고, 사나운 놈의 목에 사슬이 채워지고 외출금지령이 떨어졌던 것. 별 볼일 없는 순덕이, '맵시' 만 따라 나섰다.

맵시는 그렇다. 무척이나 영리한 스피치종이다. 이놈은 내가 녀석의 주인이 아니란 것도 알고 있고, 형이 주인이라는 것은 너무도 잘 알고 있다. 나를 따라 나설 때도 형의 눈치를 살핀다. 녀석은 언제나 내 앞을 간다.

놀라운 것은, 녀석은 내가 지금 어디로 무엇 하러 간다는 것을 알고 있는 것이다. 내가 벼랑이나 동굴에서, 혹은 바다나 제주 쪽을 향해 사진촬영이라도 할 때는 작업이 끝날 동안 지켜 서서 기다린다.

“이놈아 할망당에 인사하고 가야지.”

내가 책망하듯 꾸짖으면 녀석이 쪼르르 할망당으로 올라간다. 내가 할망당에 인사하고 나오면, 녀석은 꼬리치며 또다시 앞서 달리기 시작한다.

어둠이 내려왔다. 푸드득 푸드득 억새풀숲 산새들 놀라 난다.

가파도와 모슬포 쪽 해변에는 어느덧 하나 또 하나 등불이 별처럼 쏟아져 내리기 시작하고, 사위의 바다에는 오징어잡이 배들의 현란한 횃불들이 고모라의 성곽처럼 황홀하게 빛나기 시작하였다.

나는 내 앞에 기쁨과 즐거움으로 치닫고 내리닫는 ‘맵시’와 산책을 즐기고 있다.

“맵시이….”

나는 소리쳐 부른다. 녀석은 못 들은 척 그냥 내달린다.

“애에라, 이눔아….” “

나는 어쩌나 보려고 억새풀 풀숲에 그냥 풀석, 쓰러져 누워 버린다.

“쏴… 철석. 쏴… 철석.”

고요와 적막의 사이로 파도만 소리칠 뿐 그냥 어둠이다.

엊그제 일이다.

소라고둥을 한 바구니 주워 와서 형과 내가 소주를 따르고 있을 때다. 그는 맵시를 쓰다듬으며 내게 이렇게 말했다.

“개 좋아해? 개라는 놈은 영물이야. 인간보다 나을 때도 있어.”

“…”

나는 그냥 듣고만 있었다.

“옛날 얘기 하나 해볼까? 옛날에….”

형은 소주를 한잔 마시고 잔을 내게 권하면서 다음과 같은 얘기를 시작하였다.

옛날 어느 마을에 가난한 할아버지와 '예삐' 라는 삽살개가 살고 있었다. 할아버지는 가난하였기 때문에 예삐는 늘 배고팠다. 배고픔을 견디다 못해 어느 날 예삐 그만 집을 나왔다. 가출을 한 것이다.

정처 없이 떠돌던 예삐, 부자 마을로 보이는 어느 마을 앞 쓰레기를 뒤지다가 요상하게 생긴 상자를 주었다. 예삐가 상자의 뚜껑을 열자, 상자 속에서 세 개의 가면이 나왔다. 왕의 가면, 성자(聖者)의 가면과 예언자의 가면이 그것이다. 예삐는 멋모르고, 그중 한 개의 가면을 뒤집어 써보았다. 그러자 갑자기 지나가든 사람들이 예삐를 향해 허리 굽혀 절을 하기 시작하였다. 잠시 후 마을의 수장어른이 나타나 허리 굽혀 절하며 말했다.

"임금님께서 어인 일로 이 누추한 마을까지 왕림하셨는지요?"

가면은 왕의 가면이었다. 마을의 수장 댁에는 때 아닌 잔치가 벌어졌다. 이렇게 며칠 동안 호식한 예삐, 싫증이 나기 시작했다.

이런 어느 날.

예삐는 왕의 가면을 벗어 버리고 성자의 가면을 썼다. 이번에는 사람들이 성자가 된 예삐 앞에 머리를 조아리며 모여들었다. 예삐는 경전을 외치며 설교했다. 수많은 사람들이 그의 설교에 눈물짓고, 신의 나라에 들고 저, 예삐 앞에 금은보화를 갖다 바쳤다. 금은보화가 쌓이면서 예삐는 차츰 그런 것들이 모다 부질없는 것들로 느껴지기 시작하였다.

마지막으로 예삐는 세 번째 가면을 찾아 썼다. 그것은 예언자의 가면이었다. 예삐가 예언자의 가면을 쓰고부터 이번에는 사람들이 그의 예언을 들으려고 또 다시 모여들기 시작하였다. 날마다 예삐가 머물고 있는 여관 앞에 사람들은 줄지어 차례를 기다렸다.

한편, 예삐를 잃고 홀로 된 할아버지는 기다리다 지친 어느 날, 드디어 결심을 하고 예삐를 찾아 나섰다. 할아버지가 어느 마을에 도착하였을 때, 기막히게 예언하는 예언자가 있다는 이야기를 듣게 되었다. 할아버지, 물론 그 예언자를 찾아갔지.

예삐 찾을 마음으로 차례를 기다렸다. 이윽고 할아버지의 차례가 되었다. 할아버지와 마주 앉은 예삐는 깜짝 놀랐다. 그러나 예삐는 짐짓 모른 척 시침을 떼고, 할아버지가 찾아온 사연을 물었다.

"그대는 어인 일로 예언자를 찾아왔는고?"

그때였다. 예삐의 물음이 미처 끝나기도 전에 갑자기 세찬 바람이 불어오면서 예삐가 쓰고 있던 가면이 벗겨져 날아가 버렸다. 예삐의 놀람보다는 할아버지의 놀라움이 더욱 컸다. 지금까지 예언자로만 알고 있었던 인간이 순식간에 개의 모습으로 변한 것이다.

"아니, 이놈아 너, 예삐였구나."

할아버지는 냉큼 예삐의 목도리를 움켜쥐고 사슬을 채워 버렸다. 소문을 듣고 속았다고 격분한 마을 사람들이 몽둥이를 들고 달려 왔을 때는 예삐도 할아버지도 사라진 후였다.

아, 나는 왕인가? 성직자인가? 예언자인가? 아니면 강아지보다 못한 추악한 인간인가? 오 자유여, 나의 목에서 사슬을 풀라.

두리번두리번 살피던 맵시가 캉캉 꼬리가 떨어져라 흔들어 제끼면서 나타났다. 나를 발견한 것이다.

"쏴아… 철석."

"쏴아… 철석."

우주에는 어둠과 별빛과 파도소리만 가득하다. 맵시는 어디로 달려가 버렸는지 보이지 않는다.

"몸체는 인간이고…."

"몸체는 인간이고…."

나는 천천히 어둠 속을 걸으면서 또다시 사색의 골짜기로 빠져 들고 있었다.

21. 마음은 없다

"인공지능(컴퓨터)을 인간의 두뇌 속으로 끌어 들여야 한다. 두뇌 속으로. 만일 뇌는 컴퓨터고 몸체는 인간인 인간이 있다면 인간일까? 로봇일까? 30세기가 다가오고 있는데…."

지금까지 인간은 인간만이 만물의 영장(靈長)이라 생각하였다. 아마도 그것은 지능 때문이었을 것이다.

지능이라면 한마디로 지적능력(知的能力)을 말한다. 새로운 현상을 만나 이해하고 느끼고 판단하여 처리하는 능력이다. 그러나 이제 인간만의 특성이라 여겨 왔던 지능이 도전을 받게 된 것이다.

'인공지능', 그것은 이제 인간의 지능을 초월하여 가공할 지경에 이르고 있다.

정신(精神)이란 사물을 느끼고 생각하는 능력을 말한다. 정신은 인간의 내부기능, 즉 유전자의 기능과 신경세포에 저장되어 있는 기억과 외부로부터 들어오는 정보를 분석하고 비교 검토하고 판단하는 과정을 말한다.

그것은 곧, 의식이며 마음이다. 물론 이러한 비교분석 판단의 과정에서 칠정(七情;喜怒哀樂愛惡慾)이 기멸(起滅)한다.

유전자의 기능은 참으로 다양하다. 인간 게놈프로젝트에 의하면, 유전자의 수가 불과 수만이라지만, 뇌세포에 포함되어 있는 유전자의 염기수와 뇌세포는 가히 천문학적이다. 이들 개체들은 각 개체마다 주어진 기능이 있을 테지만, 그 수많은 세포나 염기들은 서로서로 상호 작용하여 또 다른 기능을 형성한다는 것을 우리는 기억할 필요가 있다.

뇌세포는 뇌세포끼리만 상호작용하는 것은 아니다. 뇌세포뿐만 아니라, 신체의 모든 세포 모든 기관은 상호작용한다.

정신은 정보에 대한 물질의 반응현상이다. 정보란 물질과 물질의 상호작용이다. 뉴런의 인지기능은 오감으로 들어오는 정보에 반응한다. 오감으로 인지되는 정보는 생체신호로 변환된 다양한 에너지들이다. 오감으로 들어온 정보는 빛이나 소리, 혹은 맛과 냄새 촉감 등의 정보들이다. 이들 정보란 광에너지나 열에너지, 그리고 파동의 또 다른 모습으로 이들은 모두가 에너지의 다른 모습이다.

광자나 열, 파동의 신호들은 인간의 시각, 청각 등 감각기능을 만나 전기신호로 교환되고, 교환된 정보들은 신경과 뉴런의 시냅스를 통하여 정보의 성질에 따라 각기 다른 화학물질(호르몬)로 방사 전달되고 기억시스템으로 저장되기도 하고 버려지기도 한다.

빛과 파동이 연구되기 이전의 인간은 이러한 시각과 청각시스템을 이해할 수 없었다. 마찬가지로 물질의 이중성을 모르면 이러한 정보의 전달 메카니즘을 이해할 수가 없다.

광자(광파)나 파동이 없으면 정보는 없고 기억도 없고 정신반응도 일어날 수가 없다. 정신이나 마음은 기억된 정보와 새로운 정보가 유전자의 기능과 상호 작용하는 생명 현상이다.

마음이다 정신이다 하는 것은 일종의 물질(에너지)과 뇌 기능(유전자)의 상 작용 현상이다.

지금까지의 인간은 육체와 정신의 2원론에 젖어 있었다. 인간의 정신(마음)을 영혼이라는 이름으로 신성시하였고, 육체는 형이하의 존재로 죽음이라는 벽을 만나 썩어 없어져도 형이상의 존재는 영혼이라는 이름으로 영생하는 것으로 인식해 왔다. 그러나 세계가 바뀌면서 안과 밖은 둘이 아니고 하나라는 것이 서서히 밝혀지기 시작한 것이다.

결국 정신이다 마음이다 하는 것은 육체를 떠나 따로 존재할 수 없고, 다만 유전자(물질)와 정보(물질)의 상호반응이라는 것이 밝혀지고 있다. 유전자의 기능은 다양하다. 그러나 유전자는 독자적으로 기능하는 데 한계가 있다. 다양한 기능은 다양한 정보를 만날 때 비로소 반응한다.

유전자의 기능을 컨트롤하기 위해서는 정보가 중요하다. 좋은 정보(좋은 환경)는 유전자의 선 기능을 유도하고, 유전자의 선 기능은 의식(정신)과 행동의 선 기능을 유도한다.

다시 말하면 유전자의 기능을 컨트롤하는 것은 정보(환경)라 말할 수 있다. 인간은 환경의 지배를 받는다는 말은 이것을 증명한다. 유전자를 뜯어 고치려면 먼저 환경을 바꾸어야 할 것이다.

미국의 노벨상 수상자인 뇌 과학자 제럴드 에델만은 이렇게 말했다.

"정신이란 물질조직의 어떤 특별한 유형의 과정일 뿐이다. 다시 말해서 정신은 그 자체로 존재하는 실체가 아니라 두뇌의 형태학에 연결된 한 과정에 지나지 않는다."

뇌는 최소 50가지 이상의 화학신호로, 다양한 종류의 의사소통이 동시에 일어날 수 있게 한다. 각 신경전달물질은 각기 다른 세포를 자극하거나 동일 세포 내 다른 화학신호에 대한 반응의 민감도를 변화시킨다.

신경세포의 시냅스는 민감도 높은 화학반응으로 작동하는 전기 스위치와 같다. 뇌의 구조 속에 神이나 영혼 따위는 없다. 물질은 인식하고 의식하며 반응한다. 삼라만상은 짜여진 프로그램으로 움직이는 자연적 시스템이다.

어물어물 도끼자루 썩는 줄도 모르고 마라도에서 보름이 훗닥 지나갔다.

"떠나야겠는데… 이삼 일 더 머물다 갈까?"

22. 닭

돌 많고(石多), 여자 많고(女多), 바람 많아(風多) 그래서 제주를 삼다(三多)의 섬이라 하였던가?

풍다, 풍다. 말은 들었지만 이처럼 바람이 다다(多多)할 줄 정말 미처 몰랐었다. 하루건너 태풍경보, 하루건너 파랑주의보. 바람은 끊임없이 불어제끼고, 그때마다 경보다 주의보다 뱃길 물길도 끊어진다.

지금도 창밖에는 휘파람소리 허공을 찢고 있다. 마라도를 찾아온 관광객이나 낚시꾼들은 느닷없이 찾아온 불청객인 태풍경보가 떨어지는 날, 꼼짝없이 발이 묶여 버린다. 어쩔 수 없이 해제될 때까지 머물러야 한다. 이럴 때 손쉽게 찾는 먹거리가 닭이나 오리.

밤 새워 세차게 불던 바람도 잠잠해졌다. 이른 아침이다.

산책도 갈 겸 닭장에라도 가볼까 하는 생각으로 신발 끈을 매고 있는데 김씨 형님이 나왔다.

“어디 나가려구?”

“산책 나가려는데.”

“나가는 김에 닭장에 들렀다 오지… 사료도 좀 주고.”

“그러죠.”

닭장이 있는 곳은 집에서 조금 떨어진 외진 텃밭이다. 닭 우리에는 이미 닭들이 모이를 찾아 헤매고 있었다. 내가 닭 우리 가까이 다가가자, 삼십여 마리 닭들이 출입문 쪽으로 달려 나왔다.

“배들이 고픈 모양이로군.”

나는 단순히 그렇게만 생각하였다. 내가 막 우리 문을 열고 발을 우리 안으로 한 발 들여놓은 순간, 나는 정말 기겁을 하고 넘어질 뻔하였다. 삼십여 마리 닭들이 한꺼번에 나를 덮친 것이다.

대부분의 닭들은 이미 자랄 데로 다 자란 놈들이다. 금방이라도 잡아먹으려던 놈들인데, 중량급들이다. 내가 들고 온 사료 자루를 보고 한꺼번에 덤빈 것이다.

“까짓것 그래 봤자 닭들인걸.”

함부로 문을 열면 놈들이 한꺼번에 밖으로 쏟아져 나올 것 같아 겨우 몸만 빠져 들어갈 만큼 열고 들어가 재빨리 문을 닫았다.

만약 닭들이 밖으로 쏟아져 나가기라도 해 버리면, 더 넓은 풀밭에서 나는 죽는다. 문제는 그때부터였다.

나는 갑자기 두려워졌다. 얼핏 알프레드 히치콕 감독의 공포영화가 떠올랐다. 닭들이 마치 까마귀 떼처럼 한꺼번에 몰려들어 나를 포위하고 종아리, 허리며 엉덩이 할 것 없이 함부로 쪼기 시작하였다.

나는 그때까지 얇은 여름옷을 입고 있었다. 맨 살인 종아리며 허리, 어깨를 찍는 듯 쪼아 대자 마치 살갗이 터지는 듯 고통스러웠다. 문을 박차고 도망칠 수도 없다. 그렇다고 선 채로 당할 수도 없는 일.

"놈들을 빨리 다른 곳으로 유도해야겠는데."

나는 그 순간 달리기 시작하였다. 닭 우리 안에서 별안간 닭들과 뜀뛰기 시합이 붙은 것이다. 나는 이리 뛰고 저리 뛰고, 달리면서 여기저기 흩어져 있는 사료 통에 사료를 나누어 쏟아 부었다.

새벽부터 한바탕 북새통이 끝났다.

"후유우."

나는 길게 한숨을 몰아쉬면서 돌아섰다. 억새풀꽃 사이로 붉은 태양이 솟아오르고 있었다.

"하하, 내가 확실히 술 복은 있나 보군."

김씨 형님이랑 마악 소주 판을 차리는데 박 소장이 나타났다. 박 소장은 마라도등대 소장으로 근무하면서 틈틈이 들리곤 했다.

"어서 와, 자 한잔 받지."

김씨 형님이 한잔 마시고 잔을 권하자 박 소장이 잔을 받으며 손에 들었던 물건을 탁자에 풀었다.

"그게 뭐야?"

"술 냄새가 나기에 안주 만들어 왔지."

"그게 뭡니까? 애게게, 구운 병아리 새끼구먼."

"병아리하고는 맛이 틀리지."

닭고기보다는 조금 쫄깃쫄깃하면서 구수한 맛이다.

"맛이 괜찮군."

"무슨 고기 같아?"

"글쎄요."

"비둘기야."

나하고 박 소장의 얘기를 듣고 있던 김씨 형님이 대신 대답한다.

"비둘기라구요? 그 맛 한번 신통하군, 어떻게 잡았소?"

마라도뿐 아니라 보통의 산에도 비둘기는 많다. 보통의 경우 새들은 나무나 바위의 꼭대기에 앉기를 좋아한다. 허지만 마라도에는 나무다운 나무가 없다. 여기저기 뾰족한 바위 꼭대기에는 새들의 쉼터가 정해져 있다. 하이얀 새똥 묻은 자리다.

작은 낚싯바늘에 여치나 메뚜기를 잡아 낚싯줄에 묶어 두면 비둘기가 쪼아 먹고 낚시에 걸리는 것이다.

"하하하, 낚시로 비둘기를 낚아? 그 맛 한번 괜찮군, 나도 한번 해봐야지."

권태가 찾아온 것일까? 하루하루 꼭 같은 일상이 반복되면서 떠나야겠다는 생각이 모락모락 피고 있었다.

"섬을 한 바퀴 돌아보고 떠날 준비나 하자."

나 떠난다고 붙잡을 사람 없다. 그렇다고 서둘러 떠나서 갈 곳이 있는 것도 아니다. 천천히 걸었다.

"그게 뭘까? 나를 이토록 방황하게 하는 것은? 유전자 때문일까? 역마살? 역마살이라…."

23. 유전자의 마술

해안을 걷고 있다.

밟히는 것은 모두가 돌이다. 마라도는 모래가 없다. 화산이 폭발할 때 생겨난 용암이라 그런지 마치 타고 남은 코오크스를 확대시켜 놓은 듯한 곰보투성이의 용암이다. 그래도 때로는 구르고 굴러, 파도에 닳고 닳아, 곰보이면서도 동글동글 몽돌이 되어 모여 있는 곳도 있다.

이 돌도 만져 보고, 저 돌도 만져 보고. 하나같이 못생겼지만 어쩐지 정감이 간다.

"어디로 갈까? 나는 왜, 사회는 또 왜 이렇게 시끄러우냐?"

지난밤에 본 TV의 뉴스가 생각난다. 그런 저런 골 아픈 일들을 떨어 버리려고 나선 여행인데, 그놈의 TV 때문에.

"썩어도 너무 썩었어."

TV를 보면서 형이 혼자 소리처럼 중얼거린 소리다.

그렇다. 썩은 것이다. 다 썩어 버렸다. 오뉴월 염천에 생선 썩는 냄새처럼, 세상이 온통 썩는 냄새로 숨이 막힌다.

특히나 서민들보다 가진 자들과 배운 자들의 부정과 부패. 물론 일부의 인사들이겠지만, 대학교수며 의사들 정치인들, 법조인에 이르기까지,

이러한 부정부패의 사회적 병폐는 그 요인이 다방면에 내재되어 있겠지만, 그중 하나는 죄의식 결핍증을 말할 수 있을 것이다.

2차 세계대전이 끝나고 서양문물이 갑자기 쏟아져 들어오면서 불행의 씨앗은 싹트기 시작하였다. 청교도의 도덕관으로 2백 년 3백 년, 발전되어 온 서양의 자본주의가 도덕과 윤리의식이 정립되기도 전에 쏟아져 들어오고, 우리는 물불을 가릴 틈 없이 가난을 벗어야겠다는 일념으로 경쟁의 바다로 뛰어들었던 것.

경쟁의 바다에서 도덕과 윤리는 걸림돌만 되었을 뿐이었다. 오로지 욕구 충족에만 허우적거리는 사이 어느덧 죄의식은 사라지고, 가진 자와 소외된 자의 격차만 벌어졌다.

법과 질서는 도외시되고, 도덕과 윤리는 외면된 채 욕구의 바다로 빠져 버렸다. 집단무의식 상태에서 모두들 욕구 충족의 최면상태로 변해 버린 것이다. 너나없이 정신적 에이즈에 걸린 것이다. 면역결핍증이 아닌 죄의식결핍증 증후군에 걸려 버렸다.

왜 이런 현상이 벌어졌을까?

나는 상상한다.

인간이 태어나는 순간, 아무도 없는 곳에 격리시켜 양육시킨다면, 물론 먹거리와 훌륭한 환경을 조건으로 하고. 10년, 20년, 30년이 지

난 다음 과연 인간은 어떤 모습으로 성장해 있을까? 그의 죄의식과 지능과 윤리관은 어떠할까? 과연 그의 마음은 어떤 모습으로 형성되어 있을까?

나는 오래전 내 어린 시절, 모굴리 이야기에 빠진 적이 있었다.

모굴리는 영국의 작가 키플링(Rudyard kipling, 1865~1936)의 소설 〈정글북〉에 나오는 주인공이다. 모굴리는 갓난아기였을 때, 기구한 운명으로 인도의 정글 속에서 늑대의 젖을 먹고 늑대의 무리들과 함께 자란다.

청년이 된 모굴리는 우연한 기회에 인간사회를 알게 되고, 인간사회로 나왔지만 털 없는 늑대인간 모굴리는 인간사회에 적응하지 못하고 다시 정글의 숲 속으로 돌아간다는 스토리였다.

인도가 영국의 식민지였을 때, 키플링의 아버지는 봄베이의 미술학교 교사였고, 키플링은 봄베이에서 태어났다.

6세 때 공부하기 위해 영국으로 건너간 키플링은 18세가 되던 해에 대학공부를 하라는 아버지의 분부를 거역하고 잊지 못할 인도로 다시 건너갔다. 그리고 잡지사 일과 신문기자 생활을 하며 중국, 일본, 미국, 호주 등으로 여행을 하면서 견식을 쌓고 계속해서 글을 썼다.

키플링의 〈정글북〉은 인간의 지식이 동물 속에서 자란다면 어떻게 될까를 상상하고, 세밀한 관찰력으로 정글의 세계를 파헤치고 이야기를 전개시켰다.

물론 모굴리 이야기는 허구에 불과하다. 허지만 과연 인간이 인간사회가 아닌, 격리된 사회에서 인간의 생활방식이 아닌 상태로 성장해 간다면 우리와 같은 생각과 마음을 가질 수 있을까?

나는 그렇지 않을 것이라 생각한다. 물론 죄의식은 없고, 본능에 충실할 것이다. 그의 두뇌 속 뉴런들은 어떤 정보도 얻지 못한 상태에서 인식도 판단도 현대사회에 적응된 인간과는 같을 수가 없을 것이다.

1966년 나이지리아.

생후 6개월 때 잃었던 소년이 4살 때 사냥꾼에 발견되어 돌아왔다. 침팬지에 의해 길러졌던 것이다. 소년은 고아원에 보호되고 있었지만 완전히 침팬지의 행동을 하고 있었다.

말을 할 수 없음은 물론이고 침팬지처럼 손뼉을 치며 괴성을 지르기도 하고, 완전히 침팬지로 변해 있었다. 소년은 인간의 유전자를 가졌지만 정보는 정글의 정보와 침팬지의 정보뿐이었기 때문이다.

우주는 알고리즘으로 짜여진 치밀한 시스템이다. 그것은 극미세계에서 거시세계인 거대우주에 이르기까지 상호관통작용으로 짜여진 시스템인 것이다.

우주적 시스템에서 생명체라고 예외일 수는 없다. 단세포 생명체에서 인간에 이르기까지.

인간의 육체는 신비로울 정도로 잘 짜여진 화학공장이다. 육체는 유전자의 암호에 의해서 반응하고, 유전자는 육체의 정보에 의해서 반응한다.(프렉탈 스토리)

우주가 물고 물리는 상생호발(相生互發) 같은, 프렉탈의 세계이듯이 유전자와 육체의 관계, 생명과 우주의 관계, 상태(狀態)에서 현상(現狀)으로, 현상에서 다시 상태로 반복되는 프렉탈(fractal), 그것이 우주적 시스템이다.

문제는 유전자 때문이다.

육체면 육체, 세포면 세포, 유전자면 유전자, 그것들은 개체이면서 전체의 부분이다. 모든 생명체 하나하나가 개체이면서 전일성(全一性)인 우주의 부분이다. 유전자를 담고 있는 뉴런의 시스템 역시 그렇다.

유전자를 구성하는 염기들과 염기를 구성하는 분자들, 분자를 구성하는 원자들, 그리고 아원자, 쿼크(quark)에 이르기까지 그들은 호발한다. 알고리즘(algorithm)으로 짜여진 시스템, 그것이 유전자이며 세포들이며 인간인 것이다.

"떠나야겠는데… 어디로 갈까?"

24. 제주도 몬도가네

"영일 식당이라."

나는 어렵지 않게 식당을 찾을 수가 있었다. 약도(略圖) 덕택이었다.

내가 서귀포의 영실 등산 장비점 주인에게서 제주에 관한 여러 가지 얻어 온 정보들 중에 중요한 정보가 먹거리 정보였다.

생선회를 먹으려면 어디가 좋고, 유명한 제주산 토종 똥돼지를 맛보려면 어디로 가야 하느냐는 등 오늘 찾아온 새끼회도 그중 하나다.

"다른 건 몰라도 새끼회는 맛보고 가셔야지요."

"새끼 회가 뭡니까?"

"먹어 보면 압니다."

예전에 내가 본 영화 중에 〈몬도가네〉라는 영화가 있었다.

세계 각처의 진기한 풍속이나 독특한 먹거리 등을 모아놓은 논픽션의 기록영화였다. 호 왈 엽기적 쇼킹스토리.

마라도 김씨 형님과 며칠 사이에 정들었던 몇몇 이웃과 작별을 고하고, 곧장 삼영호에 올랐다.

마라도 출항 10시 40분. 모슬포 도착 11시 20분.

마라도에서 만난 K사장을 찾아갔다. 내가 찾아간 K사장은 제주시에서 농산물 도매상을 하는 사업가로, 여가를 이용하여 마라도에 낚시 왔다가 나와 어울린 호남. K사장 댁에 배낭을 부탁하고 나왔다. 무조건 제주 관광부터 하고 볼 일이다.

삼성혈, 민속박물관, 관덕정, 향교, 용두암… 그리고 이발하고 목욕하고, 해는 꼴까닥, 땅거미가 지고 있었다.

"배도 출출하고, 술 생각도 나고."

하여튼 오늘 하루는 무지무지 바쁜 하루였다. 벼락불에 콩 구워먹듯, 이리 뛰고 저리 뛰고, 볼 것 보고 챙길 것 챙기고, 이제 마지막으로 식구통 즐길 일만 남은 것이다. 그래서 찾아 간 곳이 새끼횟집 영일식당.

"주인장 새끼회가 뭔지는 모르지만 그거 어디 맛 좀 볼 수 있습니까?"

"아 네, 앉으시죠, 새끼회라구요, 금방 됩니다."

"소주부터 한 병 주시오."

목욕한 직후인 터라 목도 마르고 술도 말랐다. 소주가 나오고 연이어 밑반찬이 따라 나왔다.

"그 새끼회란 게 무언지 맛 좀 봅시다."

"아 네에에…새끼 하나아."

밑반찬 여러 가지가 맛깔스럽게 먼저 나왔다. 나물에 어묵, 청포

묵, 그중 싱싱한 소의 횟간, 천엽에 소골까지. 우선 소주부터 한잔 들이키고, 소의 골을 한 점 소금에 찍었다.

난 본시부터 인명재천주의(人命在天主義)로 살아온 터. 구제역이다 광우병이다 그런 건 별 관심 없다.

이윽고 예의 그 새끼회란 것이 나왔다. 마즙 같다고나 할까? 죽처럼 끈적끈적한 반액체 위에 잘게 썬 김을 흩고, 그 위에 날계란 노른자위 한 개를 얹었다.

"무슨 회가 이 모양이냐?"

난 지금까지 새끼회, 새끼회 하여도 그냥 생선회 정도로 생각하고 있었다.

"식초를 치고 저으세요."

나는 주인 시키는 대로 식초를 치고 저었다. 그리고 작은 접시에 나누어 담고 다시 식초를 곁들여 저었다. 소주를 한잔 들이키고, 새끼회를 한 숟갈 맛보았다.

밍밍하다 할까? 양념 탓인지 몰라도 그냥 그런 대로 먹을 만하다고나 할까?

"술 마신 다음 날 숙취에 좋고, 때때로 정력에 좋다고, 일부러 멀리서 찾아오시는 사장님도 계시답니다."

주인의 객담이다.

"글쎄요, 맛이 괜찮네요."

소주 한 병이 거의 거의 거덜날 때쯤이다. 나는 궁금해서 주인에게 물었다.

"도대체 새끼회가 뭡니까? 무얼로 만들었소?"

"… 모르고 잡수셨어요?"

"글쎄요, 소문만 듣고 좋다기에 찾아왔는데."

"새끼죠, 소의 새끼."

"뭐요? 소 새끼? 소의 새끼라구요?"

나는 갑자기 당황한 소리로 질겁하듯 되물었다.

"암소의 배 안에서 방금 꺼낸 소의 새끼요, 싱싱합니다."

"아니 그럼 방금 내가 먹은 새끼회란 것이 소의 배 안에서 꺼낸 소의 새끼란 말입니까?"

"그렇습니다. 수정된 지 삼사 개월 된 놈일 텐데…"

"삶았거나 찐 게 아니고?"

나는 꼴까닥 춤을 한번 삼키고 다급하게 다시 물었다.

"살아 있는 소를 말입니까?"

"그러니까 찐 소나 삶은 소가 아닌 '회' 아닙니까? 소 새끼회 말입니다."

아이쿠 두야, 먹은 건 이미 먹은 거다. 살아 있는 암소를 죽여 그 암소의 뱃속에서 꺼낸 송아지를 난도질하여 회를 쳐 먹다니.

"오! 잔인, 잔인, 아아…."

25. 불생불멸(不生不滅)

200만 년 전 한라산이 폭발하면서 쏟아져 나온 용암들이 악(岳)을 이루고, 오름을 이루면서 흘러 마침내 바다를 만나, 솟으니 용두암이다.

용왕의 사자가 불로초를 구하러 한라산에 왔다가 산신의 화살을 맞고 떨어진 곳이 제주시 용담동, 만년의 풍상에 씻겨 머리만 남아 용두암으로 굳었다는 전설의 바위 용두암.

"어딘가 잠자리를 잡아야 될 텐데."

소주 한 병을 사 들고, 용두암 주변을 살폈다. 낮에 용두암 구경하면서 대충 살펴둔 장소를 찾아갔다. 잠자리를 깔면 천하가 내 집 안방이지만, 그래도 조건이 맞아야 한다. 아늑하고 평평하고 그리고 화장실 가깝고….

용두암 주변은 공원이 조성되어 있다.

"관리인이나 순찰경찰을 만나면 곧 아플 텐데."

그때는 그때고, 용두암 공원 화장실 부근 으슥한 풀밭에 자리를 잡았다. 비박 텐트를 치는 데는 5분도 걸리지 않는다. 소주 한잔을 입가심으로 마셨지만 잠도 올 생각이 없다. 입에서는 아직도 새끼회 맛의 그 비릿한 느낌이 가시질 않는다.

내일은 또 어디서 내 인생의 닻을 내릴지 나는 모른다. 오늘은 다만 아름다운 오늘을 살았을 따름이다.

잠은 안 오고 나는 일어나 소주병과 마른안주를 챙겨 밖으로 나왔다. 보름이 가까워 오나 보다. 용두암 저편, 달빛을 받아 몸부림치는 파도가 더욱 아름답다. 나는 천천히 바닷가를 걷는다.

"인간은 왜 늙고 병들고 죽는가?"

생로병사의 비밀은 무엇이며, 죽음이란 과연 무엇인가?

질병의 종류는 다양하다. 인간의 체질도 다양하다. 감기에 약한 체질이 있는가 하면, 배탈 때문에 병원 출입이 잦은 사람도 있다. 모두가 체질 탓이라 한다. 그것은 곧 유전자의 탓이다.

생명이란 결국 어떤 원소(物質)들이 어떻게 만나, 어떻게 서로 반응하느냐에 따라 다르게 나타나는 일종의 상태이며 현상인 것이다. 늙고 병든다는 것은 생명현상의 시스템이 변화하는 것이다.

제행무상(諸行無常). '변하지 않는 것은 없다' 는 운행(運動)의 우주성을 의미한다. 죽는다는 것은 결코 사라져 없어지는 것이 아니다. 변화의 과정(死亡)을 거쳐 본질로 돌아가는 것이다.

4대 원소와 그 밖의 원소들이 모여서 생명이 되었다가 다시 흩어져 본질로 돌아갈 뿐이다. 이것은 다시 만남이라는 변화를 거쳐 생명이 되고, 인간과 삼라만상으로 다시 태어난다. 이것을 종교에서는 윤회라 한다.

불생불멸(不生不滅). 죽음은 죽는 것도 아니고, 죽는 것이 아닌 것도 아니다. 변화(死亡)란 에너지의 운동과정일 뿐이다.

"도대체 지금, 몇 시나 되었을까?"

밖에서 사람들 떠드는 소리가 들렸다. 깔깔대고 웃는 소리로 보아 여자들 같았다. 밖은 아직 밤중이다. 희미한 외등 빛으로 시계를 보았다. 새벽 5시. 아직 해가 뜨려면 2시간가량은 남았다.

"저 사람들, 남 잠자는 밤중에 웬 수다들이냐?"

난 속으로 짜증 섞인 투정을 부리면서 몸을 더욱 웅크렸다. 새벽의 찬 기운은 더욱 나를 새우로 만들었다. 그때였다. 기절할 사태가 일어났다.

갑자기 내 곁에서 벼락 치는 소리가 들리며, 대형스피커에서 에어로빅 댄스음악이 폭음처럼 터진 것이다. 깔깔대던 여자들의 웃음소리는 새벽운동 나온 에어로빅 팀이었던 모양이다.

"이 사람들이… 남 잠자는데…."

고막이 터질 것만 같아서 견딜 수가 없다. 항의할 처지도 아니다. 배낭을 챙겼다. 캄캄한 새벽이라 갈 곳도 없다. 문 닫긴 용두암 휴게소 앞에서 떨고 있다. 새벽바람 차갑고 파도소리 차갑고 세파 또한 차갑다.

목석원으로 갈까? 산천단으로 갈까. 아니면 만장굴 김령굴로 갈까? 마라도를 떠나 올 때, 갑자기 떠난 터이라 일정 짤 겨를이 없었다.

마라도에서 모슬포로 나와 곧장 제주시로 나온 것도 사정이 있다.

마라도에서 만났던 K씨를 만나고 싶었기 때문이다. 여행도 여행이지만, 빈둥거리면서 떠돌 수만은 없는 일, 아르바이트를 구해야겠는데 서귀포에서는 일자리가 신통찮았다.

K씨를 만나면, 일자리를 알아 볼 참이었다. 그는 그의 사업상, 밀감 선과장에 관해서 잘 알고 있었다. 어차피 제주도에 온 김에 아름다운 밀감밭에도 가보고 싶었고, 돈도 벌고 구경도 하고, 그것이 나의 목적이었던 것. 그러나 서귀포에서 얻어들은 정보로는 밀감 철은 아직 이르고, 한 달 가량 기다려야 제철이라는 이야기 때문에 마라도에 주저앉았었다. K씨를 만나면 아르바이트 자리를 알아보고, 이도 저도 아니면 다시 여행을 계속할 생각이다.

제주시의 관광도 하루에는 끝내기가 어렵고, 오늘 하루 더 머물면서 시내관광을 마저 하고, 동쪽 일주도로를 따라갈까 보다.

K씨로부터 얻어온 메모를 펼쳤다.

"화북동에 가서, OO상회 김 모씨를 찾으면 모르는 사람이 없습니다. 밀감 선과장도 하는데, 그분을 찾아가서 의논하면 그곳에서 일을 하게 되든지 아니면 다른 선과장에라도 알선해 주실 것입니다."

선과장(選果場)이란 밀감밭에서 따온 밀감을 크기에 따라 선별하는 작업장이다. 버스로 화북동엘 갔으나 OO상회의 김 모씨를 안다는 사람은 없었다.

'차라리 만장굴 관광이나 가 버려?' K씨가 적어준 메모지에는 또 다른 전화번호가 있었다.

"여기는 밀감 포장상자 만드는 공장인데, 선과장과 연결이 잘되어 있기 때문에 여기로 전화해서 한번 물어보시죠."

전화를 받은 사람은 포장상자 제작회사 사장님이셨다. 고맙게도 승용차로 나를 싣고 공장까지 함께 갔다. 포장상자 운송차량에 동승시켜 선과장마다 취업을 부탁해 주신 것이다. 그러나 트럭을 타고, 여기저기 선과장마다 다녔지만 모두 헛탕.

"선과장에는 이미 작업 시작 이전에 작업조 조직을 끝낸 상태이므로 선과장 취업은 힘들 겁니다."

역시 포장회사 사장님 예상이 적중한 것이다.

"정히 일자리가 어려우면 우리 회사에서 일하셔도 됩니다. 다녀 보시고 여의치가 않으면 저희 회사로 오세요."

너무도 고마운 말씀이었지만, 밀감 선과장 일을 포기하기가 쉽지 않았다. 이 공장 저 공장 포장회사 배달차를 타고 뺑뺑이를 돌았지만, 하는 일은 모조리 뱅글뱅글 꼬여만 가고 선과장 취업은 물 건너갔다.

도대체 선과장 작업이 뭐가 그리 대단한 것이라고 자꾸만 선과장, 선과장 하는가? 까닭이 있지. 선과장 일보다 지하철 공사장이 훨씬 좋다. 보수 좋고, 적당히 눈치 볼 수 있고, 허긴, 조금 힘들 때도 있긴 있지만.

지하철 공사장보다야, 껌 장사를 할망정 내 사업하는 쪽이 훨씬 좋지, 허지만 그건 그렇지가 않다. 나는 지금 여행을 하고 있는 것이다. 아름다운 경관을 보러 다니는 것이 아니라, 이 사람 저 사람을 만나고, 이런 일도 해보고 저런 일도 해보고, 해보고 싶으면 무조건 붙어서 나도 한번 해본다. 하다가 싫으면 관두고, 무지 무지 재미있게 사는 것이 내 인생이다.

술 마시고 싶으면 술 마시고, 자고 싶으면 천하가 나의 침실이다.

먹여 주고 잠재워 주는 일자리면 어디든지 붙는다. 돈이 사 많든 적든 받는 데로 남는 돈이다.

사람들은 나를 참 이상한 사람이라고 말한다. 허지만 내 눈에는 사람들이 이상하게 보인다.

26. 오감의 벽(五感의 壁)

"인간은 오감(五感)의 장벽 때문에 본질을 볼 수 없다."

유전자는 오감의 정보와 뉴런의 기억정보(胎生的本能) 이외에는 아는 게 없다. 이상의 두 가지 정보에 의해서 인간의 모든 기능은 작동된다.

마음이다 생각이다 하는 것들은 모두가 이 두 가지 정보에 의한 뉴런(腦 細胞의 遺傳子)의 반응이다. 인간은 결코 이 두 가지 정보를 벗어나서 자유로울 수 없다. 그것이 오감의 벽이다.

오감으로 들어오는 정보란 분명 한계가 있다. 보이는 것은 푸른 숲, 산, 바다, 인간과 동물들, 그런 것들만 보일 뿐 실체는 볼 수 없다. 뉴런은 이런 오감을 통한 정보와 유전자의 본능적 기능과의 상호 반응 이외에는 어떤 기능도 할 수가 없다.

인간의 두뇌는 결정적 약점을 갖고 있다. 그것이 인간을 고뇌의 바다로부터 벗어날 수 없게 묶어 버렸다. 오감의 벽이.

오감의 결박을 풀고 참다운 자유를 향유한다는 것은 사실상 인간에게는 무리다. 모든 것은 오감의 벽에 갇힌 유전자의 한계 때문이었다.

그렇다면 생명체의 본성을 틀어쥐고 마음도 성격도, 제멋대로 좌지우지하는 유전자란 도대체 어떻게 생겨 먹은 놈들인가?

우리나라 신혼부부 중 30% 정도가 이혼한다는 통계도 있다 한다. 참인지 거짓인지는 모르지만.

도대체 왜 이런 일이 일어날까? 보나마나 유전자 때문이다. 자기지향적인 이기적 유전자. 자신만이 옳고 자신만이 정당하다는 이기적 유전자. 유전자가 왜, 무엇을, 어떻게 하였다고 툭하면 유전자 탓인가?

밥그릇부터 챙겨놓고 생각해 보자. 유전자는 유전자고 여행은 여행이다. 난 밀감밭에서 일하고 싶었다. 오렌지 향기가 좋다. 눈이 시리도록 샛노란 밀감 알들을 나무에서 따내는 모습이 보고 싶었고, 산더미처럼 쌓여 있는 밀감 속에 파묻혀 있으면 일을 해도 그냥 즐거울 것만 같았다. 해서, 밀감이 익어갈 무렵 제주도로 굴러들었던 것.

허지만 내 아무리 밀감밭이 보고 싶다고 내 멋대로 되는 것은 아니다. 세상사 다 그렇듯이, 밀감 밭 작업도 물 건너갔다.

'만장굴 쪽으로 가 버릴까?'

"선과장에서 일해 번 돈이나 포장공장에서 일해서 번 돈이나 돈은 다 마찬가진데 왜 선과장에만 가야 하나요?"

나는 포장회사 사장님 말씀이 고맙기도 하고, 당장 뭐 급하게 가야

할 곳도 없는 처지.

'굴러 온 돌이 포장회사에라도 한번 가서 박혀 봐?'

27. 밑바닥 인생

구좌 농공단지.

제주시에서 완행버스로 한 시간, 승용차로 30분 거리. 황량한 해변에 10여 개의 공장들로 구성된 단지로 주택과 후생시설 전무. 해가 지면 사람들은 모두 퇴근하고, 썰렁한 공장엔 늙은 개 '월이' 가족과 나만 남는다.

귀 기울이면 파도소리가 들린다. 여기서도 역시 나의 친구는 고독이다. 그 흔한 다방이나 술집 따위는 결코 없다. 하다못해 다 떨어진 구멍가게 같은 것도 없다. 때때로 들려오는 차가운 바람소리뿐, 사람의 그림자 하나 없는 곳. 나는 이제 머나먼 곳에 나 혼자 던져져 버린 것 같은 착각 속으로 가라앉고 있다.

작업은 비교적 간단한 편이었지만 힘들었다. 두루마리 원지를 가공하여 골판지를 만들면서 시작되는 공정은 절단과 형틀의 재단을 거쳐 프린트하고 클립을 치고, 스무 장씩 한 묶음으로 밴딩하여 화물트럭에 싣거나 창고에 입고.

적재와 출하 과정에 스무 장 묶음의 포장상자를 일일이 매고 나르는 일을 하루 종일 하고 나면, 온몸은 물에 빠진 듯 땀으로 젖어 버린다. 파김치가 되여 하루 일과가 끝나면 오후 6시 30분. 이미 사위는 어둠에 싸여 있다.

"닉기미, 정말 살맛 안 나네."

"왜요?"

화장실에서 만난 30대 중반의 젊은이가 지껄이는 소리에 내가 되물었다.

"일당 2만 5천 원으로 이 고생을 하면서 살아야 하는 인생이 서러워서 해본 소리요."

"…"

나는 그냥 암말 안 하고 오줌만 싸고 나왔다. 그리고 며칠 후 그는 보이지 않았다. 더 나은 일자리를 찾아 떠났는지 모를 일이다.

서울 지하철 공사장 일보다 힘든 것 같다. 지하철 공사장 작업은 그래도 숨 돌릴 틈은 있다. 그러나 여기는 그게 안 된다. 일관작업이라 누구 한 사람 멈추게 되면 다음 사람이 따라 멈춰야 한다.

작업은 위치에 따라 다르다. 판지에 골을 잡고 풀칠을 하고. 골판지 만드는 공정은 전 과정 자동으로 스위치 조작과 사고 감시만 하면 되므로 어슬렁어슬렁 기계 감시만 한다,

그러나 클립을 치거나 밴딩하는 작업은 반자동으로 한 장 한 장 사람 손으로 넣어야 하는 작업이므로 쉴 틈이 없다. 컨베이어벨트에 실

려 나온 스무 장 묶음의 상자 묶음도 한 묶음 한 묶음 손으로 일일이 출하하고 적재해야 하므로 쉴 틈도 없고 힘 든다.

그러나 참으로 힘든 일은 육체적 고통에 정신적 고통이 수반할 때일 것이다. 끝없는 노동의 결과 그 희망 없는 삶.

한 달 임금 60만 원. 쉬는 날은 하루의 임금도 쉰다. 한 달에 이틀치 임금을 제하면 56만 원. 그건 오로지 삼 인 가족의 입에 풀칠할 정도.

나의 경우는 다르다. 나는 회사의 숙직실에서 잔다. 골판상자 제조공장에 도둑 걱정은 없다. 삼다, 삼무의 고장이라 그런지 이 회사는 정문도 없고 수위실도 없다.

점심식사는 회사의 식당에서 제공하므로 자동 해결 공짜. 아침과 저녁은 식은 밥 남은 걸로 때우고, 없을 때는 라면 신세. 나에게 생활비 걱정 같은 건 없다. 용돈 기만 원 쓰고 나면, 50만 원 이상 저축이 된다. 한두 달 저축되면 또 떠난다. 특별한 목적은 없다. 그냥 발길 닿는 대로 떠나면 된다.

문제가 생겼다. 갑자기 무리한 일을 시작하면서 몸이 삐걱거리기 시작한 것이다. 여행 도중 신체에 이상이 생기면 모든 일은 허사로 돌아간다.

'몸살인가?'

기회는 왔다. 포장상자 운반하는 화물트럭 기사에게서 신호가 왔다. 나는 여기 포장회사에 들어오던 날부터 기사에게 선과장 일자리를 부탁해 두었던 것. 트럭기사는 골판지 상자를 싣고 선과장마다 배달을 가기 때문에 선과장 사정이라면 누구보다도 잘 알고 있었다.

내가 포장회사 작업을 때려치우려고 작심한 것은 낮은 임금과 고달픈 작업 때문이기도 하지만, 그보다 더 사람을 괴롭히는 건 상무의 잔소리 때문이었다.

나하고야 직접적인 상관이 없는 일이기는 하지만, 시시때때로 공장 안에 들어와서 누군가의 허파를 뒤집어놓고 나간다. 사장의 아들이라나?

사람마다 얼굴 모습 다르듯 사람마다 성격도 다르다. 경마에 빠져 가산을 탕진한 사람도 있고, 너무 노랭이 짓을 하는 남편이 싫다고 봇짐 싼 여인도 있었다. 남의 말 함부로 하기는 어려운 일이지만 마라도의 김씨 형님도 생홀아비였다. 부인이 여차여차한 사정으로 날랐다는 모양이다.

도대체 왜 이런 일이 일어날까? 보나마나 유전자 때문이다. 이기적 유전자. 유전자가 왜, 무엇을, 어떻게 하였다고 툭하면 유전자 탓인가?

지금 내게는 유전자보다도 더 중요한 일이 있다. '목구멍 풀칠' 이라는 당면 문제가 더 중요하다.

28. 오렌지꽃 향기는 바람에 날리고

선과장, 선과장 하다가 결국 선과장까지 굴러 들어왔다.

선과장이란 곳은 밀감농장에서 실려 온 밀감을 크기와 품질에 따라 선별 검사 포장하여 반출하는 곳이다.

'혹 떼려다 혹 붙인다' 는 말이 있다. 포장공장에서 스위치 끄기 전에는 쉴 틈 없이 쏟아져 나오는 골판지 상자들을 감당하기 어려웠는데, 여기 선과장 작업은 한술 더 뜬다.

밀감을 선별기에 쏟아 넣고 기계를 작동시키면 선별기를 거쳐 나온 밀감들이 한여름 소나기처럼 쏟아져 나오는데, 이놈들을 처리하기 위해서는 마치 신들린 무당처럼 토끼뜀을 뛰어야 한다.

밀감은 크기에 따라 1호부터 11호까지 선별되어 나온다. 1호 크기의 밀감은 보통 15kg 1상자에 250개 정도 들어가고, 11호 크기는 80개 정도 들어간다.

선별기를 통하여 쏟아져 나온 밀감이 상자에 15kg이 될 정도 채워지면 빈 상자와 바꾸고, 밀감이 든 상자는 저울에 올려 계량한다. 1호에서 11호까지의 열한 개 상자를 나열해 놓고 상자마다 매직으로 수량을 표시한다.

기계가 작동되면 숨 돌릴 틈 없이 바쁘다. 그야 말고 '오줌 누고 엉덩이 볼 틈 없다.' 그래도 나는 여기가 좋다.

그 이유는 이렇다.

포장공장은 사장이 네 명이다. 말로는 큰아들은 상무고, 작은아들은 과장이라 하지만 공장에 들어와서 잔소리할 때는 사장 소리보다 상무 소리가 더 크고, 상무 소리보다 과장 소리가 더 크다. 사장도 사장이고 사장 부인도 사장이다. 일가족 네 사람이 연속으로 공장을 들락거리며 잔소리를 쏟아 붙는데, 사람 정말 미치게 한다. 누가 사장이고 누가 과장인지 헷갈리는 4장이다.

20여 명의 공원들은 면역이 되었는지 잘도 참고들 있었지만, 난 영 벨이 틀려 역겨웠다. 허지만 여기 선과장 분위기는 그게 아니다. 사장과 종업원을 합쳐 총원 5명.

사장 1명, 부사장 1명(사장 부인), 상무 1명(사장 사위) 공장장 1명, 그리고 나(제일 쫄병). 물론 부사장이나 상무, 공장장 따위는 순전히 내가 붙인 별명이다. 좌우튼 사람 다섯 명이 전축을 틀어 놓고 하루 종일 토끼뜀을 뛰어 제낀다. 하루를 지나 본 느낌으로는 작업이 조금 힘들긴 하지만 재미있을 것 같다.

지난 밤, 밤바람 소리 모질더니 기어코 한라산 정상에 흰 눈이 쌓였다. 겨울이 내린 것이다.

우리는 때때로 밀감밭으로 간다. 밀감밭은 미다스 왕의 궁전처럼 황금알 같은 밀감 알들이 가지마다 힘겨워 부러질 듯 향기를 풍기면서 주절이주절이 매달렸다.

트럭으로 실려 온 밀감들은 보온창고로 들어간다. 보온창고에는 대형 온풍히터가 작동되어 상온 27도, 설익은 밀감은 여기서 숙성된다. 트럭으로 몇 차례 밀감을 실어 나르면, 짧은 해는 서해 바다로 꼴까닥 사라지고, 푸른 달빛이 뜨락에 쏟아진다.

그동안 부사장(사장 부인), 우리 일행을 위해 만찬 준비 하느라 바쁘다. 부사장은 요리솜씨도 멋져. 물론 만찬연회에서 한잔 소주가 빠질 리 없지. 사장과 사장 부인을 포함해서 몽땅 5명, 이럴 때 우리는 영락없는 일가족이다.

제주의 온갖 것이 내게는 아름답다. 남국적 열대성 상록수들, 무더기무더기 쌓여 있는 수석무덤들. 눈 쌓인 한라산과 주변의 오름, 그리고 바다.

완만한 경사를 타고 밭과 밭 사이로 이어진 돌담들의 곡선, 그 사이사이 늘 푸른 나무들의 행렬은 나를 사로잡는다. 선과장 일이란 그렇다. 시작하는 시간이 따로 없고, 마치는 시간이 따로 없다. 아침 작업은 보통 오전 8시에 시작되는데, 10시 지나서 시작할 때도 있다.

하루 종일 빈들거리다가 해가 다 빠질 무렵에사 시작해서 달밤에 체조하듯 뛰뛰기를 할 때도 있다. 밀감 밭에 갔던 트럭이 어둠이 짙은 후에사 딜딜거리면서 들어왔다. 200상자. 진종일 메뚜기처럼 뛰뛰기를 하다가 꼴까닥 해가 떨어지자 하마나 작업이 끝나나 싶었는데 밀감 트럭이 들이닥쳤다.

이곳 선과장 일이 그렇다. 붙었다 하면 엉덩이 돌아볼 틈이 없다. 200상자 밀감, 하차 시간 5분.

"쓰윽 싸아악, 쓰윽 싸아악."

밀감 실은 컨테이너박스가 널판자를 타고 미끄러져 내리는 소리다. 5분이란 시간은 쉼 호흡 다섯 번에 끝난다. 이렇게 짧은 시간에 20kg 밀감 컨테이너 상자 200개를 하차시키자니 땀은 홍수가 되고, 옷은 젖어 소나기 만난 생쥐 꼴이 된다. 그리고 작업 끝.

"모아 둔 파지밀감, 먹어도 됩니까?"

파지밀감이란 못생기기나 상처 난 밀감이다. 상한 밀감이 정품에 섞여 있으면 정품마저 함께 상하기 때문에 조금만 이상이 있으면 선별 과정에 추려낸다.

"왜 하필 파지를 먹으려고 그래, 좋은 놈으로 먹지."

컨테이너박스에 파지밀감을 잔뜩 담아 왔다.

"밀감 동네 온 김에 어디 한번, 밀감이나 실컷 먹어 보자."

공장장도 상무도 밀감 따윈 거들떠보지 않는다. 신물이 난다는 것이다.

"그래 좋다, 나도 밀감이 신물 나도록 어디 한번 먹어보자구."

작업이 끝나면 사장이하 모두들 떠나고 나 혼자 남는다. 목욕하고 밥 먹고 술 마시고 잠자는 일만 남았다.

콧수염 가수 배철수 DJ가 진행하는 라디오 팝송을 동네가 떠나가도록 틀어놓고 밀감 먹기 시합이 붙었다. 물론 게임은 혼자 한다. 내가 있는 선과장은 마을과는 멀리 떨어진 변두리 농장에 있다.

컨테이너박스째로 방에다 들여놓고, 한 알 또 한 알 까 제낀다. 아,

그 샛노란 아름다움, 그 맛 그 향기, 한 개를 까서 한입에 쑤셔 넣고 씹으면, 그 시고 단 즙액이 입안에 가득 찬다. 아직 설익은 놈은 쓰고, 농익은 놈은 달고, 적당히 익은 놈은 시큼하면서 달콤하다.

"시고 달고, 시고 달고…."

아, 언젠가 그 어디선가 맛본 듯한 그 맛 그 향기 그 촉감. 말랑 말랑 말랑, 어디선가 느껴 본 듯한 그 촉감, 말랑 말랑, 어디서였을까? 나의 기억 속 깊으디깊은 심해처럼 깊은 무의식의 리비도 속에 남아 있는 오래된 기억, 말랑 말랑 말랑, 아, 어디서였을까? 그 촉감, 그 촉감.

아 그렇다. 그랬었다. 그것은 사랑 맛이다. 시고 단 그 아름다운 촉감은 그 옛날 어머니 가슴을 파고들면서 그 바다 같은 어머니 가슴을 마음껏 휘젓고 다닐 적 그 어린 시절의 사랑 맛이다. 아! 이 향기, 이 향기는 밀감의 향기가 아니다. 어머니 가슴에서 풍기던 수십 년 전 내 어머니의 향기다.

나는 이제 저만치 다가오는 내 인생의 하오를 저울질하며 밀감상자 앞에서 그 옛날 내 어머니의 사랑에 자맥질하고 있다.

자, 이제는 소주를 마셔야겠다. 한 잔의 소주에 오늘의 피로를 묻고 내일을 낚아야 한다. 라디오의 볼륨을 낮춘다. 배철수 DJ의 팝은 끝났다. 잔잔하게 음악이 흐른다. 어디서 들은 듯한 음악이다. 그래, 그 음악이다 그 음악. 마스카니(Pietro Mascagni)의 오페라.

'카발레리아 루스티카나(Cavalleria Rusticana)' 중의 '오렌지꽃 향기는 바람에 날리고.'

29. 악마의 목구멍

지난밤에 마신 소주가 과하였을까? 머리가 지끈지끈, 우주가 뱅글뱅글, 완전히 한방 먹은 기분이다.

새벽이다. 4시. 도무지 일어날 수가 없다. 온몸이 부스러지는 듯 아프다. 라면도 떨어졌다. 밥 짓고 빨래하고 청소도 해야 하는데 포장공장에서, 밀감 선과장에서, 오뉴월 메뚜기처럼 뛰었는데… 지쳤나 보다.

'썩은 놈' 소리 듣지 않으려고 나름대로 몸부림치면서 살았는데, 지하철 공사장 그 험악한 막장에서도 버틴 몸인데 여기서 무너질 수는 없다.

"노는 놈은 놀고, 하는 놈만 존나게 일하고, 어느 놈은 찬밥 먹고 어느 놈은 더운밥 먹나?"

나는 그런 소리가 듣기 싫었다.

"짜샤, 까불지 마. 너도 이제 늙었단 말이야."

어디선가 빈정대는 소리가 들렸다.

"아니다. 결코 나는 늙을 수 없다. 나는 언제나 청춘이고 청년이다. 일어나야 될 텐데…."

"웃기고 자빠졌네, 네가 퍼마신 세월이 무릇 기하인데, 주제 파악도 못하고 젊어? 어림없는 소리, 하지도 마라."

"아아, 내가 어이타 세월을 그토록 퍼 마셨단 말인가? 아아 일어나야 할 텐데, 몸이 아픈 건 일 때문이 아니다. 지난밤 퍼마신 소주 때문이다. 아아, 그렇다. 소주 때문이다. 물, 물, 물."

사람은 누구나 살면서 때로는 울고, 때로는 웃으면서 살아간다. 즐거울 때도 있고, 슬플 때도 있다. 피나는 고생을 하다가 행복을 찾은 사람도 있다. 지금도 그렇지만 옛날의 나는 그냥 평범한 청년이었다. 취미는 독서와 등산, 영화도 좋아하였다.

내가 좋아하는 영화배우도 여럿이었지만 그중에서도 나는 특히 제임스 딘의 골수 펜이었다. 제임스 딘(James Dean, 1931~1955)은 미국 인디아나주 출신으로, 24세의 젊은 나이에 교통사고로 요절한 천재 스타였다.

그가 남긴 대표작으로 〈자이언트〉, 〈이유 없는 반항〉, 〈에덴의 동쪽〉이 있다. 그의 우울해 보이며 반항적인 외모는, 마니아들을 완전히 사로잡았다. 그의 영화 중 특히 잊을 수 없는 장면이 있다.

소년 짐(James Dean)은 집에서나 학교에서 언제나 왕따. 방황하던 짐, 재수 없이 경찰신세를 지게 되고, 경찰에서 만난 또래들과 잘못 어울려 여자아이 문제로 티격태격 시비가 붙었다. 시비 끝에 결투에 합의한다. 결투는 병아리경주(chicky race)로 결정 났다.

병아리 경주란 승용차를 타고 절벽 끝으로 전속 질주하며, 누가 가장 벼랑 가까이에서 뛰어 내리느냐 하는 경주였다. 물론 자동차는 천길 벼랑 끝으로 추락하고, 자칫하면 죽는 수도 있는 경주다. 담력의 경주였다.

짐은 벼랑의 끝에서 죽음의 순간 뛰어내리고, 함께 달리던 버즈는 승용차의 손잡이에 옷이 걸린 채 벼랑으로 떨어져 죽는다.

나는 그때 필사적으로 벼랑을 향해 질주하고 있었다. 나 혼자 하는 병아리 경주였다. 그때에도 우리는 국가적인 위기였다. 제 1차 오일쇼크와 2차 오일쇼크의 국제적 소용돌이에 몰려 있을 때였다.

내가 하는 사업은 작은 섬유공장이었다. 태환기(台丸機) 30여 대, 그리고 봉재공장과 종업원 30여 명. 정신없이 뛰었지만 사업은 점점 어려워지고 있었다. 자본과 판로와 회전문제, 모든 문제는 꼬여만 갔다.

그 무렵 가장 싼 시중 사체가 월 이자 3~4%, 연리로 따져, 40~50%, 그때나 지금이나 담보 없는 사람은 은행 쳐다볼 자격도 없다. 뿐만 아니다. 담보가 있어도 대출커미션이다, 꺾기다 해서 연체나 붙어 버리면 그놈이 그놈이다. 거의 사채 수준이었다.

이자로 이자를 충당하다 보니, 한 1년 지나고 나면 배보다 배꼽이 커져 버린다. 그때에 비하면 IMF는 애들 장난에 불과할 정도였다. 문제 있는 사업이었지만, 절실한 고통은 따로 있었다. 나의 어깨를 짓누르는 것은 15명 대가족의 무게였다.

나는 5남매의 장남이었다.그 무렵 사회적 분위기는 아들 둘, 딸 둘이 이상형이었다. 내 아이들 4남매, 동생들 4명, 모두가 학생이었다. 책가방 8개, 도시락은 8개가 되었다가 10개가 되었다가 대중없다.

90세의 할머니, 아버지, 어머니, 그리고 가정부들 하며 15명 가족은 끼니때가 되면 붐비는 식당을 방불케 한다. 사흘들이 쌀가마가 들어와도 코끼리 비스킷이다. 연리 40~50%의 고율 이자와 대가족의 생활비. 이런 생활을 7, 8년 버티는 사이 나는 차츰 절망의 계곡으로 빠져들고 있었다.

부채 비율이 200%, 300%를 넘고부터 나는 차츰 달리는 차를 세울 수도, 뛰어 내릴 수도 없는 벼랑 끝 현실과 맞닥뜨린 것이다. '엎친 데 덮친다' 는 말이 있다. 이런 어려운 와중에 사람 죽일 소문이 나돌기 시작한 것이다.

남미여행을 하다 보면 빠뜨릴 수 없는 곳이 있다. 이과수 폭포(Iguacu Fall)다.

브라질, 아르헨티나, 그리고 파라과이 세 나라의 국경 삼각지에 위치한 세계 최대의 폭포. 이과수 앞에 서면 그 놀라운 장관에 경탄을 금할 수 없게 된다. 그에 비하면 나이아가라는 장난이다.

폭포는 나이아가라처럼 한줄기로 떨어지는 그런 폭포가 아니다. 수백 수천의 물줄기가 때로는 두셋으로, 혹은 수많은 물줄기로 강수량에 따라 변한다. 변화무쌍한 물줄기로 조화를 부리면서 무지개를 연출하는 그림은 참으로 아름답다.

그중의 백미가 악마의 목구멍(Gara Ganta do Diabo)이다. 관광객을 위하여 설치한 난간을 따라 악마의 목구멍에 가까이 다가가면, 우선 그 차가운 냉기에 소름 끼친다. 몸부림치면서 떨어지는 장엄한 물줄기와 푸른 무지개 사이 천길 지옥의 목구멍이 사람을 삼킬 듯 물보라 사이로 이따금 모습을 보인다. 만약 발이라도 헛디뎌 떨어진다면 뼈도 못 건질 지옥이다.

나는 이제 그 막다른 골목에서 악마의 목구멍을 만난 것이다. 생산제품 전량을 출하 조건으로 계약한 대리점이 부도난다는 소문이다. 미처 담보 설정이 안 된 상태였다. 무보증 무담보 상태에서 부도가 나게 되면, 영락없이 줄부도가 터지는 건 자명이치. 도무지 빠져 나올 수 없는 올가미에 걸려 버렸다. 나는 절망이란 것이 무엇인가를 그때 맛보았다.

오일쇼크 이래 사회적으로 부도사태가 속출하고, 나 역시 죽느냐 부도냐의 기로에 서게 된 것이다. 그러나 내가 만약 부도를 내게 되면, 15명 가족이 모조리 깡통을 차야 한다. 모조리 노숙자가 되어야 하는 것이다.

도저히 맨 정신으로 견딜 수가 없었다. 잠을 잘 수도 없다. 공포, 공포. 불안과 절망과 공포의 연속이었다. 나는 죽을 수도, 부도 낼 수도 없는 양날의 칼을 쥘 수도 놓을 수도 없는 기막힌 절망의 벼랑에서 있었다.

날마다 걸려오는 전화는 부채 독촉 전화. 받은 어음, 받은 수표는 모조리 부도. 오일쇼크의 여파는 IM F때보다 더 심각한 줄부도가 터지기 시작한 것이다.

아침부터 저녁까지 돈 구하러 다니는 것이 하루의 일과였다. 종일 돈 때문에 뛰어 다니다 밤이 되면 야근을 한다. 직조기사와 교대근무를 해야 하기 때문이다. 이런 와중에 대리점 사건이 닥친 것이다. 그렇다고 당장 부도가 난 것도 아니다. 소리 소문 없이 해결해야 한다.

나는 그날부터 밤낮으로 술만 퍼마셨다. 포장마차 나무의자에 몇 시간씩 넋을 잃고 앉아 있었다. 일주일째 되던 날 나는 마침내 무릎을 치고 일어났다. 악마의 목구멍에서 빠져 나올 해법을 찾은 것이다.

1년 후. 대리점과 또 다른 한 사람이 동반부도 났다. 그때는 이미 나는 다른 길을 걷고 있었다. 악마의 목구멍에서 빠져 나왔다고, 빚덩이 회사가 갑자기 소생할 수 있는 것도 아니다. 절망은 여전히 저만치서 나를 비웃고 있었다.

빈사상태의 하루하루는 계속되었다. 날마다 들려오는 부도 소식과 빚 독촉에 노이로제가 걸려 있었다. 전화 소리만 들려도 등에서 식은땀이 흘렀다. 은행에서는 계속해서 부도내자는 소리뿐.

"윤 사장, 그렇게 힘들 바에 차라리 부도를 냅시다."

막다른 지경에 이르렀을 때 나는 결심하였다. 마침내 부도 낼 결심에 이른 것이다. 크고 작은 부채를 모조리 한 구멍으로 몰아넣고, 한 방으로 터뜨린다는 생각이다. 이제 더 이상 사채를 끌어올 구멍은 없다. 어음과 수표를 대량 발행하여 원자재를 구입하고, 상품을 대량 생산하여 덤핑으로 두드린다.

"재수 좋으면 대박 터지는 수도 있다."

작전은 짜여지고 실행만 남았다. 생산 공정은 이렇다. 여름 상품은 겨울에 생산하고, 겨울 상품은 여름에 생산한다. 여름 상품은 11월경부터 준비에 들어가고, 겨울 상품은 4, 5월경에 작업이 시작된다.

나는 결코 신용 없다는 소리를 들은 적은 없다. 아무리 힘들어도 한번 약속은 반드시 지키는 것이 나의 신념이다. 내용은 빚덩이로 썩어 있었지만, 내 수표와 어음은 보증수표로 통할 정도였다.

원자재 수급을 계약하고 작업은 시작되었다. 5월부터 10월까지 하루 24시간 풀가동 6개월. 엄청난 물량이 쌓여 갔다. 한 사람 또 한 사람, 사람들은 놀란 눈으로 나를 바라보았다.

9월에 접어들면서 이상한 낌새가 나타나기 시작하였다. 기적의 낌새였다. 원자재 주문량이 거의 입고 마감이 가까웠는데 마지막 얼마 남지 않은 주문 자재가 들어오지 않고 차일피일 늦어지고 있었다. 독촉을 했다. 국제유가가 폭등하면서 원자재 값이 오르고 품귀현상의 조짐이 나타났다.

화섬사는 석유가 원료다. 10월에 접어들면서 원자재는 품귀가 되고, 값은 폭등하고, 완전 대박이 터진 것이다. 그러나 나는 여기서 멈출 수 없었다. 덤핑을 치고 부도 낼 작전이 수정되었다. 품귀상태의 제품에 외상 출하는 없다. 10월에 이미 선수금으로 현금수금 완료 상태.

새로운 작전을 세웠다. 여름 상품은 면사가 주 원자재다. 10월은 면사의 비수기. 6개월 생산한 제품의 수금금액 전액을 털어 면사를 잡았다. 화섬사의 원자재 대금은 최종 입고 일로부터 6개월 연수표로 결재. 물건 값은 이미 원자재의 세 배 정도로 늘어나 있었다.

이듬해 봄에 대박은 다시 터졌다. 미국의 원면이 흉년이라나? 원면의 국제 시세가 폭등하고 있었다.

나는 신문을 보면 맨 먼저 경제면, 특히 원자재의 국제적 동향부터 살핀다. 나는 이미 지난 가을에 미국의 목화밭에서 풍기는 냄새를 맡았었다. 이런 작전의 2년 연속 대박에 10년 부채의 늪을 벗었다. 착실히 성장한 동업자 중에는 중견업체로 성장한 기업도 있고, 하루아침에 부도 내고 알거지가 된 사람, 이민 떠난 사람, 속병 터져 죽은 사람. 노숙자 신세로 추락한 사람….

나는 모든 것을 정리하고 여행을 떠날 결심을 하였다. 짧은 인생을 돈에만 매달릴 수는 없었다. 20년 세월, 악마의 목구멍에서 탈출하려고 버둥거리는 사이 가족들은 한 사람 또 한 사람 내 곁을 떠나갔다. 세상을 하직하고 혹은 결혼하고, 이제 가족은 없다.

세상은 변해 있었다. 우리가 자랄 적에는 자식은 자라면 부모를 모시는 것은 당연지사. 그래서 자식농사가 최우선이었다. 그러나 이제 세상은 변해 버렸다.

가정은 핵가족이라는 이름으로 부서져 버렸고, 지금처럼 보험이다 연금이다, 사회보장을 준비할 틈도 없이 인생은 끝난 것이다. 뼈 빠지게 일하고, 피 같은 돈 모아 세금 바치고, 쌀 한 톨 아끼려고 밀가루 먹기 운동이다 분식장려다, 알뜰살뜰 살아온 세상인데, 빈껍데기만 남은 70년대의 산업 역군들은 '거추장스러운 늙은이' 라는 이름표를 달고 허망의 피안으로 추락해 버렸다.

30. 홀로그램 우주

바람이 불고 있다. 쉬고 싶다. 밀감도 탱자도 내 몸 성할 때 말이다.

'인생도 세월도 여행' 이라는 말이 있다. 그러나 여행이 그렇게 쉽고 즐겁고 낭만적인 것만은 아니다. 그렇다면 나는 왜 이토록 고달픈 여행을 해야 하는가?

역마살 때문이다.

나를 지배하는 나의 유전자는 한 곳에 머물기를 거부한다. 피 끓던 시절, 밤낮을 모르고 일에만 매달려 있을 때는 세월 10년이 어떻게 사라졌는지도 모르고 살았다.

모든 것이 허망의 바다로 사라진 어느 날. 나는 그냥 작은 배낭 하나로 떠난 것이다. 진실로 나의 본질은 무엇이며, 나는 누구인가를 알고 싶었다.

교회도 가보고 절에도 가보았지만 2천 년, 3천 년의 낡은 사상에서 나를 찾을 수는 없었다. 그들은 오감의 벽 속에서 낡고 병든 채 스스로들을 너무 모르고 있었다. 세상이 바뀐 지는 이미 오랜데.

나는 여행 속에서 나를 만났다. 그리고 나와 또 다른 나는 끝없는 대화의 바다를 함께 떠돌았다. 카오스의 바다에서 홀로그램의 바다로.

인간은 누구나 인간의 본질을 알고 싶어 한다. 그러나 본질은 그렇게 쉽사리 발견되지 않는다. 인간의 본질은 교회나 사원 같은 데서 2천 년 3천 년 전의 낡은 사상으로 결코 찾을 수는 없다. 그런 낡은 사상으로 오감의 벽을 뚫는다는 것은 역부족이다. 세상이 바뀐 지는 이미 오래다.

우주는 홀로그램이다.
홀로그램은 그렇다.

보는 각도에 따라 코끼리가 되기도 하고, 호랑이가 되기도 하는 모습. 그것이 홀로그램의 영상이다. 보는 각도에 따라 달라지는 우주, 그것이 홀로그램의 우주다. 오감의 틀에 결박된 인간의 인식으로 이해할 수 있는 우주는 본질적 우주가 아니다.

세계적 양자물리학자인, 런던대학의 데이비드 봄(David Bohm) 교수의 이야기를 들어보자.

"우주를 생물과 무생물로 구별 짓는 것은 무의미하다. 생물과 무생물은 불가분하게 서로 엮어져 있고, 생명 또한 우주라는 총체의 전반에 깃들여 있다. 바윗돌조차도 어떤 의미에서는 살아 있다. 왜냐하면 생명과 지능은 모든 물질뿐 아니라 에너지, 공간, 시간 등 전 우주를 이루고 있는 직물(織物), 그리고 우리가 홀로무브먼트(holomovement)로부터 추상해 내어 분리된 사물로 오인하는 기타의 모든 것들 속에 함께 존재하기 때문이다."

일미진중 함시방(一微塵中 含十方)
일체진중 역여시(一切塵中 亦如是)
-義湘祖師 法性偈에서-

의식이나 생명, 그리고 만물은 우주 전체에 깃들여 있는 조화체라는 것이다. 홀로그램의 모든 부분 부분은 전체를 품고 있고, 우주의 전체는 또한 모든 부분을 품어 있다.

우리 몸 낱낱의 세포는 그 속에 우주를 품어 있고, 모든 나뭇잎, 빗방울, 티끌들 속에 우주가 있고 우주는 또한 그 모두를 포함한다.

31. 도시기 괴기

"일어나야지…."

좀처럼 말을 듣지 않으려는 몸을 털고 일어났다.

'웬만하면 오늘은 좀 쉬고 싶은데.'

치적치적 초겨울 비가 내리고 있다.

"웬 일들일까?"

작업 시작할 시간이 지났는데도 멤버들이 나타나지 않았다. 멤버들이란 사장님과 그 가족들 말씀이다. 기다리기 지쳐 집으로 전화를 했다.

"오늘 작업 바쁘지 않으면 외출 좀 해도 될까요?"

여기 작업은 그렇다. 쉬는 날이 따로 없다. 일요일이다 휴일이다, 그런 건 남의 얘기다. 하루 종일 할 일 없이 빈들거리다가 해질녘에 갑자기 작업은 시작된다. 작업 끝난 밀감밭에서 밀감이 늦게 반출되면 뒤늦게 우리 작업이 시작되기 때문이다.

"오늘은 작업이 시원찮겠구먼."

비 오는 날은 밀감밭에도 휴무. 작업이 신통찮으니 외출해도 좋다는 허가가 떨어졌다. 나는 갑자기 바빠지기 시작하였다. 피곤하던 육체에도 생기가 돌기 시작했다. 비 온다고 여행을 포기할 수 없는 일. 설거지를 대충 끝내고 카메라와 지도만 챙겨 나섰다.

첫 번째 행선지가 목석원, 별로 볼 것도 없었다. 다음이 만장굴, 시내버스와 시외버스를 이용하다 보니 시간은 많이 걸린다. 허지만 여행이란 것이 그렇다.

털털이 버스를 타고, 여러 사람을 만나고, 버스터미널에서 기다리는 사람들 틈에 함께 기다리고, 그리고 천천히 아주 천천히 굴러가는 차창 밖 풍경에 마음을 휘날리고, 뭐 그런 여행이 난 즐겁다.

만장굴 다음은 산굼부리. 산굼부리는 화산의 분화구였다. 백록담은 한라산 정상에 있는 분화구다. 그러나 산굼부리는 산이 없다. 한라산 동편 기슭, 벌판의 한가운데 폭격 맞은 자리마냥 그렇게 뻥하니 구멍 뚫린 자리가 분화구다. 화산이 폭발하면서 화산재가 쌓이면 산이 되었을 텐데, 산굼부리에는 산이 없다. 한 번 폭발에 분화구에서 분출한 화산재와 용암들이 송두리째 날아가 버리고, 구멍만 뻥하니 뚫어진 채 분화구의 흔적만 남아 있다.

가늘게 뿌리던 빗줄기는 어느덧 진눈깨비와 우박으로 변해 있었다. 날씨는 차갑고 괴로운 여행이다. 그러나 그러한 어려움 속에서도 나를 매혹시키는 것이 있다. 산굼부리의 분화구보다 더욱 아름다운 경관에 나는 마음을 빼앗겼다. 산굼부리 분화구의 언저리 언덕에 서서 한라산 쪽으로 펼쳐진 억새풀, 그리고 그보다 더욱 아름다운 것은 우박과 진눈깨비에 새파랗게 물든 상록의 나무이랑, 인위적으로 쌓아나간 돌담장의 곡선, 검고 푸른 선들의 조화, 그것은 분명 인공적이면서 자연스러운 또 하나의 아름다움이다.

나는 여행하면서 늘 느낀다. 어딘가 주어진 목적지보다는 그 목적지에 이르는 동안의 과정과 그 주변의 아름다움, 추함, 그리고 그런 것들에 어우러진 환경들에서 더욱 매혹적인 것을 찾고, 그리고 오히려 그런 것들로부터 더욱 큰 보람을 맛보곤 했었다.

헝가리의 부다페스트 유스호스텔에 머물 때였다. 유스호스텔에서 슈퍼마켓까지는 버스로 서너 정거장 거리다. 나는 그 길을 걸어 다녔다. 이삼 일 머물면서 몇 차례 왕래하는 동안 나는 기이한 감흥에 사로잡히곤 했었다. 주택가 집집마다 끊임없이 흘러나오는 클래식음악.

헝가리는 오랫동안 폐쇄 상태에 있었고 경제사정도 그다지 좋지가 않을 텐데, 그러한 어려움 속에서도 우리보다 더욱 여유 있는(?) 그런 음악이 끊이지 않을 수 있을까? 그 대답은 간단하다. 그것은 그들의 생활이기 때문이다.

북유럽으로 올라가면 또 다른 충격을 만난다. 대부분의 상점이나 생활권이 오후 여섯 시가 되면 문을 닫는다. 그런데 문 닫을 시간이 되면서 시작하는 사람들이 있다. 어린이 놀이터 같은 아주 작은 소공원, 아니면 도로변 가로수 아래 의자 몇 개, 아마추어 오케스트라가 막을 올리는 것이다. 길 가던 사람들이 즐거워 웃는다. 한가한 사람들은 함께 노래하고 즐긴다. 그런 장면이 한두 군데가 아니다. 가는 곳마다 마을마다 만난다. 여유다. 그렇다. 내가 부러워하는 것은 여유였다.

우리는 모두가 너무 바쁘다. 나 역시 너무 바쁘게 살아온 것이 사실이다. '빨리 빨리' 의 덕분에 이렇게나마 살 수 있게 된 것도 사실이다. 그러나 이제 그만 여유 있게 살고 싶다.

여행만 하여도 그렇다. 관광회사 관광버스 타고, '자, 여기가 산굼부리라는 곳인데, 어쩌구 저쩌구…."

그리고 우루루 사진 찍기 바쁘게 차를 타면 또 다음 곳으로 뛰기 바쁘다. 여행이 아니라 관광회사에 부탁하여 돈 뿌리러 다니는 모습이다. 여유가 부럽다.

성읍 민속촌.

"좋은 토속음식 있다는 소문 듣고 왔는데, 무엇 무엇이꽈?"

"저어 기…."

벽에 걸린 낡은 나무토막 메뉴판을 가리킨다.

"도시기 괴기…."

"그래요, 도시기 괴기죠."

"삼천 원이라, 그래 도시기 괴기에 술은 무슨 술이 꽈… 음, 오매기 술이라, 마물 파전은 무어꽈?"

"모물 마시."

"모물 마시?"

"모물로 파전 마시."

"좋시다. 도시기 괴기에 모물 파전, 오매기술 주오다."

도시기 괴기는 돗고기 양념구이다. 모물파전은 메밀파전이었고, 오매기술은 좁쌀 막걸리였다. 도시기 괴기와 자기 호로병에 좁쌀 막걸리가 나왔다. 뜬구름 같은 여행에 술 한잔. 낭만이라면 낭만이다. 산다는 것에 사랑 있어 아름답다면, 술 한잔 있어 여행은 멋있다.

'떠나야겠다.'

내 마음은 그렇게 말하고 있었다.

'아르바이트는 여행을 위한 것이지 돈벌이가 목적은 아니다.'

'내 마음은 그렇게 말하고 있었다.

'떠나자.'

'제주시에 되돌아올 때까지 비는 계속 내렸다. 나는 선과장의 숙소로 돌아가지 않고 곧장 주인댁으로 찾아갔다.

"그래, 오늘 어디 어디 갔다 왔소?"

"목석원, 만장굴, 산굼부리, 성읍 민속마을…."

"나보다 낫군, 난 산굼부리 앞을 맨날 지나다녀도 거기 한번 가보지 못했는데… 허기사 제주도에 살면서 제주도 구경 다하고 사는 사람 얼마나 될까?"

"… 사장님 나 오늘부터 일 그만두면 안 될까요?"

사실은 며칠 전부터 나 그만둘 테니, 필요하면 사람을 구하라고 일러두었던 것이다.

"내일 하루만 일 더하면 안 될까?"

"그러죠 그럼."

그래서 오늘 하루 더 일하기로 하였다.

진종일 번갯불에 콩 튀는 작업이 계속되었다. 작업은 저녁 7시에 끝났다.

'내일부터 다시 본격적으로 여행을 시작할 텐데.'

터미널에 알아본 즉 성산일출봉 일출을 보려면 내일 새벽에 출발해서는 늦다는 얘기였다. 갑자기 바빠졌다. 목욕하고 저녁 먹고, 주인 내외 인사하고, 후다닥 배낭 챙겨 야반도주하듯 버스터미널로 뛰었다.

밤 9시 버스로 성산포행. 성산 일출 보러 간다.

32. 개구즉착(開口卽錯)

성산 일출봉 턱 밑, 어느 이름 없는 민박집. 옆방 젊은이들 고스톱 치는 소리도 잠잠해진 시각, 밤 12시. 무던히도 바쁜 하루였다. 피곤한 데도 잠이 안 온다. 왜일까? 끝없는 방황, 그 방황의 끝은 어딘가? 우주의 끝은 과연 어딘가?

무량원겁 즉일념(無量遠劫 卽一念)
일념즉시 무량겁(一念卽是 無量劫)

정녕 우주의 끝은 내 마음인가? 서기 668년. 신라 문무왕 8년.

의상(義湘)과 원효(元曉)는 당나라 유학길을 떠난다. 노숙하던 어느 날, 원효는 밤중의 갈증으로 마신 물이 해골 속에 고였던 썩은 물이었음을 알고 느낀 바, 일체유심조(一切唯心造)를 얻고 돌아섰다.

홀로 당나라에 유학한 의상은 화엄사상의 요지를 집약한 게문(偈文)을 얻어 왔다. 그것이 법계도(法界圖)의 게문이다.

법계도는 맨 가운데의 법(法)자로부터 왼쪽으로 움직이면서 각을 지어 돌아가게 되어 있고, 4면으로 4각을 지어 모두 54각으로 되어 있다. 이 4면은 보살 수행의 중요한 덕목인 4선법과 4무량심을 상징한다.

의상은 7언(言) 30송(頌)의 시구(詩句)를 배열하고, 시간적 연기론과 공간적 실상론을 주간으로 하는 화엄사상을 함축하여 핵심을 표현한 것이다. 210字 법계도가 관심을 끄는 것은 물론 내용도 내용이려니와 법계도 그 도형의 오묘함에 있다.

法字를 중심으로 각을 이루면서 돌고 돌아 끝없이 이어지도록 짜여진 모습은 폴란드 출신 미국의 응용수학자 만델브로(Mandelbrot)의 프렉탈(fractal)을 닮았기 때문이다.

끝없이 전개되는 프렉탈의 도형과 만다라의 관계. 프렉탈 도형의 특성은 자기복제와 영속성이다. 자기복제란 개체와 전체의 전일성의 문제다. 개일(個一)은 반복하여 전일(全一)을 구성한다. 개일에는 전체의 정보가 수용되어 있고, 전일은 또한 개일의 정보로 구성된다.

직선을 그리고 직선 위에 삼각형의 두 변을 세운 다음, 두 변에 다시 삼각형의 두 변을 세운다. 이런 작업을 계속하면 눈송이 모양이 그려진다. 즉, 한 요인이 반복되어 전체를 구성하므로 부분의 정보를 알면 전체를 알 수 있게 된다. 이것은 프렉탈의 도형이면서 또한 카오스이론의 열쇠가 된다.

티끌 속에 우주가 있고(一微塵中含十方), 모든 티끌 속에 역시 또

한 우주가 들어 있다(一切塵中亦如是)는 법성게의 자구와 도형은 분명히 프렉탈을 설명하고 있다.

홀로그램을 이러한 시시콜콜한 논리로 설명하기란 정말 역부족이다. 홀로그램 우주란 보는 각도에 따라 변하는 환상의 시스템이다. 상하가 하나이며, 현재와 미래와 과거가 하나이며, 존재와 무가 일체인 것이 홀로그램의 우주다.

초발심시변정각(初發心時便正覺)
생사열반상공화(生死涅槃常共和)

처음 내킨 마음이 깨달음을 이룬 때이고, 삶과 죽음은 그 본바탕이 한가지라. 물질과 비물질은 모습만 다를 뿐, 바탕은 하나다. 물질과 물질, 물질과 비물질은 카오스로 운동하며 반응하고 의식한다. 서로는 정보를 주고받는다. 유전자는 물질의 구성체이며, 정보는 물질(energy)들의 운동 형상이다. 정보의 반응은 정신으로 마음으로 발현된다.

존재하는 모든 것은 변화하고, 변화하는 모든 것은 본질로 돌아간다. 본질은 다시 카오스의 운동을 타고 끊임없이 생성소멸의 운동을 반복한다. 그것이 윤회(輪廻)와 무상(無常)이다. 인간의 생로병사는 유전자의 프로그램이며, 우주의 생성소멸은 유니고스의 프로그램이다.

"나는 왜 하는 일마다 되는 일이 없는가?"

그것이 머피의 법칙이다.

세상만사 인간의 의지로 되는 일은 없다. 우주의 생성소멸, 인간의 생로병사, 밥 먹다 떨어뜨린 젓가락 한 짝까지, 모든 것은 우주의 프로그램이다. 우리는 호일 박사가 말한 우주의 시나리오에 관심을 가져볼 필요가 있다. 그것은 다시 말하면 프로그램된 홀로그램의 세계를 말한 것이다.

모든 것은 그냥 자연일 뿐이다. 이런가 하면 저렇고, 저런가 하면 또한 이런 것이다. 그것이 현대물리학의 종착역인 양자론의 핵심, '불확정성의 원리'다.

불확정성의 원리.

33. 성산일출봉

내일 새벽 일출봉에 해뜨는 모습을 보고 우도(牛島)로 갈 참이다. 민박집 주인의 우도여행 설명에 내일을 걸었다.

晝間明月 夜航漁帆
天津觀山 地頭靑砂
前浦望島 後海石壁
東岸鯨窟 西浜白沙

우도팔경(牛島八景)의 우도를 내일 만난다. 사위는 어둠뿐이었다. 새벽 잠에서 깰 때부터 허공의 휘파람 소리를 듣고, 나는 느꼈다.

'오늘 날씨도 신통치가 못하겠군.'

아니나 다를까 하늘은 먹구름으로 덮였고, 일출봉 중허리에 오를 때는 가는 빗방울 사이로 싸락눈까지 휘날리고 있었다. 새벽 6시 30분. 일출 시간은 7시 15분경.

'일출의 장관을 보겠다고 밤잠 설치고 민박에 들면서까지 마음을 쏟았는데….'

해오름의 장관이 포말의 꿈으로 사라지는 순간이다. 일출봉 정상에는 벌써부터 수많은 사람들이 올라와 있었다.

7시.

"틀렸다. 틀렸어, 내려가자."

성급한 사람들이 해뜨는 모습 보기를 포기하고 내려가고 있었다.

7시 10분, 15분…, 그러나 태양은 그 모습 보이기를 거부한다.

16분, 18분…,

우도 쪽에는 소나기가 오나 보다. 시커먼 먹구름으로 덮였다. 동녘 하늘은 먹구름이 이층으로 창을 이루어 하늘을 덮고 있다. 수평선 위로는 다소 밝은 빛의 회색구름이 덮여 있고, 높은 하늘에는 짙은 먹구름 하여, 구름은 2층이며 3층이다.

19분…,

바로 그때였다.

"아…."

갑자기 기적이 일어났다. 사람들의 탄성이 들린다. 아래층 회색구름과 이층의 먹구름 사이의 가늘디가는 틈 사이로 황금빛 금실 같은 태양의 머리를 사람들이 목격한 것이다. 찬란한 황금빛이다.

순식간에 태양의 머리는 먹구름 사이로 숨어 버리고, 커다란 둥근 접시 모양의 태양 몸체로 돌변하였다.

"아…."

탄성을 지르는 사이 태양은 다시 변신한다. 가늘디가는 황금 띠들의 모습으로 빛을 발한다. 탄성과 탄성에 휩싸이는가 하는 사이 태양은 순식간에 먹구름 사이로 사라졌다.

그리고 태양은 영영 돌아오지 않았다. 마치 환상 같은 황금빛 편린들을, 사람의 가슴에 새김질하고 다시금 어둠 속으로 사라져 갔다.

일출봉에서 보면, 우도는 바다 건너 저만치 손에 잡힐 듯 소가 엎드린 형상으로 그렇게 누워 있다. 집들이 빤히 건너다보일 정도로 가까운 거리다. 일출봉을 내려온 나는 오정개를 지나 성산반도 끝머리의 선착장을 향했다.

차가운 빗발이 세찬 바람을 타고, 허공을 몸부림 치고 있었다. 선착장에 도착한 시간은 오전 8시. 그러나 내가 바라던 우도 여행은 끝내 좌절되고 말았다. 그놈의 태풍주의보가 나를 죽였다. 불었다 하면 폭풍이요, 내렸다 하면 주의보다. 바다가 나를 보고 돌아서라 한다.

여행은 그렇다. 내가 가고 싶다고 다 가볼 수 있는 것은 아니다. 기회는 결코 사람의 뜻대로 찾아오는 것이 아니다. 다만 인간은 추구하고 노력할 따름이지 성패는 섭리의 마음이다. 기회는 추구하며 노력하는 자에게만 주어진다.

유전자는 축복이다. 긍정적인 유전자만이 긍정적으로 행동한다. 노력하지 아니하는 유전자는 결코 성공할 수 없다. '하고잡이' 유전자는 결코 게으를 수 없고, 게으른 유전자는 결코 부지런할 수 없다. 유전자는 결코 시킨다고 듣는 것이 아니다. 추구하며 노력하는 것은 유전자의 몫이다. 정보 없는 유전자는 추구할 수 없고 노력하지 아니한다.

모든 것은 교직한다. 홀로그램으로. 일출봉의 태양도 우도의 8경도 환상처럼 내게서 사라져 버렸다.

'어디로 갈까? 이제 곧 봄이 오겠지,'

화훼농장으로 갈까? 하이얀 안개꽃 사이를 누비면서 화훼농장에서 일하고 싶다. 히야신스랑 라일락 향기와 만나고 싶다. 아니다 장미농장으로 가야겠다.

핏빛으로 타오르는 장미꽃 사이에서 내 열정의 혈관에 불을 지르고 가시 많은 장미들 사이에서 가시에 찔려 처얼철 내 타다 남은 열정을 쏟으면서 나도 그렇게 장미가 되고 싶다.

아니다 속초나 강릉으로 가야겠다. 동해 바다로 가서 푸드득 푸드득, 푸드득이는 살아 있는 오징어들을 건져 올릴 테다.

아니다, 목포로 가자, 홍도와 백도를 만나야겠다. 해상국립공원을 떠도는 아름다운 섬들을 만나자. 거문도, 흑산도, 좌 홍도, 우 백도, 그래 그렇다 목포로 가야겠다. 내 마음은 어느덧 목포 앞바다를 헤엄치고 있다.

나는 선과장에 오기 전 마라도에서 만났던 가파도의 강 선장을 찾아갈 참이었다. 강 선장은 그날 김씨 집으로 갓잡아 살아 푸드득이는 두 월척 방어를 잡아 왔다.

"이제 막 잡은 놈인데, 회 맛이 괜찮을 거요."

그날 나는 방어회를 싫도록 먹고, 물론 강 선장과의 수인사도 빠뜨리지 않았다.

"허허허 생각이 있으시면 언제든지 찾아오세요. 허지만 힘들 텐데요.”

나는 선과장 일자리를 찾지 못하면 강 선장을 찾아가 뱃사람이 될 작정이었다.

‘통 통 통 통.’

똑딱선을 타고, 몸부림치는 파도와 싸우면서, 맑은 바닷속 떼 지어 다니는 생선들과 만나고 싶었었다. 그러나 이제는 떠나야겠다는 마음으로 변해 버렸다. 제주에 오래 머물러, 제주사람 될 수도 없는 노릇, 기다리는 사람 없어도 갈 곳은 너무 많고 길은 멀다.

“싱크대 안에 소주병 감춰 두었으니, 밤잠 안 올 때 한잔씩 하라구.”

선과장 사장님, 퇴근하면서 귓속말로 내게 들려준 이야기다. 그러나 나는 그 소주 맛보기 전에 떠나간다. 떠나고 싶어진 것이다. 내가 갖고 간다는 나의 짐들을 그는 한사코 자신이 들고 주차장까지 따라 나왔다.

그와 나는 다시 주차장 옆 가게에서 소주를 맥주 그라스에 가득 채우고 석별의 아쉬움을 건배 하였다. 사람은 그렇게 만났다 헤어지고, 그리고 이별은 추억이라는 이름으로 우리들의 가슴에 못을 박는다.

이제 다시 여기는 제주 뱃머리. 또 한 마리의 새가 날아왔다. 그리고 날아갔다. 사람들이 종종걸음으로 배에 오른다. 이제 곧 기적을 울리면서 배는 떠날 것이다.

17시 40분. 제주발 목포행. 씨월드 고속 훼리호.

나도 또한 또 다른 가슴 부푼 희망으로 그들의 뒤를 따라 배에 올랐다.

청년은 희망에 살고, 노인은 추억에 산다. 나는 내 가슴의 텅 빈 곳간 속을 아름다운 추억으로 채우려고 떠난다.

저 멀리 눈 덮힌 한라산 기슭에서 샛노란 유채꽃들이 팔이 부러지도록 흔들고 있다. 잘 가라고 그리고 다시 오라고.

태양이 회색구름을 지고, 내일을 꿈꾸면서 서해 바다로 모습을 감추었다. 별들도 숨어 버린 끝없는 바다에서 객선은 마치 우주를 항해하는 우주선인 양 하염없이 떠나 갔다.

'몇 시나 되었을까?'

누군가 나를 흔들었다.

"이 봐요, 목포요 목포. 다 왔으니 일어나시오."

나는 일어나려다 그냥 누워 버렸다. 시계를 보았다. 11시 15분. 자정이 가까워지고 있었다. 나는 그냥 객실에서 자고, 내일 아침에 하선할 생각이다.

"이 봐요 아저씨, 다 왔으니 일어나시오."

누군가 다시 흔들었다. 부시시 일어났다.

"아, 여기서 자고 내일 아침에 내리면 안 될까?"

"안 됩니다. 사람들 모두 내렸어요, 빨리 내리세요."

객실에 있던 승객들은 모두 빠져 나가고 선실에는 나 혼자였다. 외국의 경우, 배를 타거나 내릴 때 밤이 되면 선실에 잘 수 있었다. 나는 그 생각만 하고, 배 안에서 자고 이튿날 내릴 생각이었던 것이다.

"지금 내려서 어디가 어딘지도 모르는 형편에 값싼 여인숙이라도 찾자면 사람 고생할 텐데 그냥 여기서 자면 안 될까?"

"안 됩니다. 사람들 다 내리고 나면 이 배는 부두에서 떠나요. 내일 아침에는 내릴 수 없습니다. 내려서 터미널 바로 앞에 있는 찜질방에라도 가보슈."

"찜질방이 라고?"

"그렇소, 뜨듯한 찜질방이요, 방값 싸고 뜨듯하고."

찜질방은 따뜻할 정도가 아니라, 그야말로 찜통 같은 찜질방이었다.

백두산 불노방. 찜질방을 둘러본 후, 출입구에 배낭을 맡기고 도루 나왔다. 제주에서 해가 중천에 있을 때 저녁을 먹은 탓인지 배가 고팠다.

'소주라도 한잔하고 와야지.'

여기는 목포항 근해 여객선터미널. 나는 지금 홍도행 객선을 기다리고 있다. 이른 시간이라 아직, 두 시간은 족히 기다려야 할 모양이다. 해장으로 마신 막걸리가 취한다.

'홍도라….'

자판기에서 음료수 한 캔을 뽑아 들고 부두를 따라 천천히 걸었다. 새벽 공기가 무척 차갑다.

'과연 존재하는 것은 물질뿐일까? 물질이 의식하며 인식하고 생각하는가? 그게 아닌데…. 그건 분명히 궤변이다. 그럴 리가 없다. 착각이다. 착각…. 개구즉착(開口卽錯), 입으로 말하는 순간 모든 것은 이미 착각이다. 진리란 과연 나변(那邊)에 있는가?'

우주적 모든 자연 현상들은 양자론적인 유물론으로 해석하면 쉽게 풀릴 것만 같다. 그러나 과학이 결코 만능일 수는 없다. 형이하(形而下)적인 해석이 궤변으로 불리어지는 까닭에는 동전의 두 얼굴 같은 형이상(形而上)의 세계가 있기 때문이다.

물질은 이제 논리의 벽을 허물고 있다. 그렇다면 무엇이 문제인가?

이미 인간의 정신은 유전자에 의한 정보와 물질의 반응현상임이 밝혀졌고, 그립다 보고 싶다. 사랑이라는 것도 또한 그 실체가 유전자의 자기복제를 위한 표현이자 수단이라는 것도 밝혀졌다. 양자론에서는 입자의 이중성으로 물질은 입자이면서 동시에 파동이다. 그리고 이들은 모두 에너지의 다른 모습이라는 것도 밝혀졌다.

물질과 비물질의 벽이 무너져 내린 것이다. 사단칠정(四端七情)의 인간 감정조차도 유전자의 장난임이 밝혀진 마당에 무엇이 또 문제란 말인가?

34. 목포에 삼학도(三鶴島)는 없다

07시 50분. 남해 스타 호. 고속관광 유람선은 쾌속정이다.

통통통통… 그 옛날 추억 어린 통통배는 아니다. 푸른 바다를 헤치고 제비처럼 날아, 2시간 10여 분. 환상의 섬 홍도가 눈앞에 떠올랐다.

섬은 마치 수반(水盤) 위에 올라앉은 수석(壽石)처럼 아름다운 바위섬이다. 소나무, 동백, 그리고 각종 난으로 꾸며져 있고, 해질녘이면 섬 전체가 붉게 물들어 홍도(紅島)라 부른다.

홍도의 절경 중 서른세 곳을 홍도 33경이라 부르고, 그중 열 곳을 뽑아 홍도 10경(紅島 十景)이라 한다. 남문바위, 실금리굴, 석화굴, 탑섬, 만물상, 슬픈녀, 부부탑, 독립문바위, 거북바위, 공작새바위가 홍도 십경이다.

점심 식 후, 유람선으로 갈아타고 홍도일주. 목포로 돌아와도 홀가분한 일정이다.

목포항 여객선 터미널. 나는 캔 맥주로 목을 축이면서 내일의 일정을 설계한다. 유달산, 삼학도, 남농기념관… 그리고 물론 오늘밤 숙소도 뜨끈뜨끈한 찜질방으로 결정 보았다.

"유달산, 유달산이라…."

사공의 뱃노래 가물거리면
삼학도 파도 깊이 스며드는데
부두의 새악시 아롱 젖은 옷자락
이별의 눈물이냐 목포의 설움.

삼백 년 원한 품은 노적봉 밑에
임 자취 완연하다 애달픈 정조
유달산 바람도 영산강을 안으니
임 그려 우는 마음 목포의 노래.

-목포의 눈물-

목포하면 유달산이요, 삼학도가 아닌가?

오늘은 비교적 느긋한 일정으로 끝났다. 찜질방으로 가서 샤워하고, 식사를 곁들여 소주나 한 병 따면 오늘의 인생은 막을 내린다.

일등바위(유달산 정상)를 기점으로, 유선각(遊仙閣), 마당바위를 거쳐 난(蘭)전시관, 조각공원, 노적봉으로 돌아들었다. 아무리 고고한 난향(蘭香)이나 품위 있는 조각 작품이라지만 안목 없는 칸부등(看不

等)의 눈에는 개(犬)발에 편자다.

아무리 훌륭한 작품이라도 작품을 알아볼 안목이 없다면 헛수고다. 하지만 취향에 맞는 볼거리만 있는 곳이면 무조건 찾아간다.

유달산 중허리를 빙빙이 도는 사이 점심때가 되었다. 식후경도 금강산(金剛山도 食後景)이다. 볼거리도 좋지만 배고픈 때는 먹거리가 우선이다. 여행에는 뭐니 뭐니 해도 먹거리가 좋아야 여행에 맛이 난다. 목포의 볼거리가 유달산에 삼학도라면, 목포의 먹거리는 세발낙지와 홍탁이다.

목포에서 낙지 요리로는 유명짜가 붙은 낙지 전문家. 깔끔한 봄나물과 버섯요리가 입맛을 돋군다. 세발낙지가 올라왔다.

사실 세발낙지, 세발낙지 소문은 접했지만, 그다지 자주 먹은 것은 아니다. 산 채로 낙지를 나무젓가락에 말아서 초장에 찍어 먹는 맛이 좋다지만, 징그럽다기보다는 그놈의 낙지가 만에 하나 목구멍에라도 달라붙으면 숨 막힐 것 같은 그 약간의 공포심 같은 것 때문에 영 먹기가 내키질 않았기 때문이다. 허지만 여기 목포까지 와서 그 유명짜한 세발낙지 한번 먹어 보지 않고 그냥 떠난다는 건, 세발낙지가 목구멍에 걸린 것마냥 개운치 못할 것 같은 기분 또한 사실이다.

세발낙지가 올라왔다. 룸 써빙 아주마가 도와준다. 낙지를 나무젓가락에 말아 초장을 찍어 내 입으로 가져온다. 나는 황급히 색(sack)을 풀고 비상용 소주병을 열고 나팔을 불었다. 산 놈의 낙지가 입안에서 몸부림을 친다. 연포탕은 낙지탕이다. 국물이 시원타. 비상용 소주 반병이 연포탕과 함께 사라졌다.

터벅터벅 삼학도로 간다. 삼학도는 목포시민의 전설과 애환과 눈물이 어린 곳이다. 삼학도(三鶴島) 하면 목포의 간판이다. 그러나 삼학도의 자리에 삼학도는 없었다.

삼학도는 본시, 크고 작은 세 개의 아름다운 섬이었다. 삼학도 주변의 매립 계획은 1935년 일제에 의해서 세워져 있었다. 해방 이후 방치되어 있던 매립 계획을 1968년 목포시가 아무런 검토 없이 매립하여 섬은 육지로 변해 버린 것이다.

매립된 바다에는 해양수산청, 해양경찰서 같은 관공서를 비롯하여 대형건물들이 들어섰다. 제재소의 원목들이 산같이 쌓여 있고, 모래와 골재들의 야적장으로 변해 버렸다. 제분공장의 사일로와 대형 크레인들이 공룡처럼 활보하고 있었다. 뽕나무밭이 어느덧 푸른 바다(桑田碧海)로 변한 것이다. 이제 와서 삼학도를 복원시켜 공원 조성을 한답시고 시끌시끌한 모양인데, 어쩐지 앞뒤가 바뀐 느낌이다.

터벅터벅 하염없이 걷는다. 삼학도에서 남농기념관(南農記念館)까지는 상당히 먼 거리였다. 탁 트인 바다가 시원타.

터벅터벅, 터벅터벅.

나는 왜 이 낯선 바닷가를 홀로 걷는가? 나는 왜?

35. 남농기념관(南農記念館)

피곤하다.

쉬어 갈까? 두리번두리번, 쉴 곳을 찾는데 저만치 건물이 나타났다. 남농기념관(南農記念館)이다.

동양화에 상남폄북(尙南貶北)이라는 말이 있다. 남화(南畵), 즉 남종화(南宗畵)를 존숭(尊崇)하고 북종화(北宗畵)를 경시(輕視)한다는 뜻이다.

중국의 명(明), 청(淸)代는 남종화의 전성기였다. 북종화가 화원(畵員)이나 전문 화가들을 중심으로 한 경직(硬直)된 화풍(畵風)이라면, 남종화는 대체로 인격이 고매하고 학문 깊은 사대부(士大夫)가 여기(餘技)로 수묵(水墨)과 담채(淡彩)를 사용한 온후한 그림이다.

작가의 화풍에 따라 북종화가 외형 묘사를 위주로 하고 사실적(寫實的) 영향을 지향하는데 반하여, 남종화는 작가의 내적 심경을 표출

한다고 본다. 문인화(文人畵)가 그 대표적이라 하겠다.

명(明), 청(淸)의 남종화가 우리나라에 파급된 것은 조선 중기 이후였다. 베이징(北京)을 다녀온 사행원(使行員)들에 의해 전래된 작품들이 남종화 보급의 시초였다.

임진왜란으로 잠시 침체되는 듯하였으나, 곧 영(英), 정조(正祖)代에 이르면서 이인상(李麟祥, 1710~1760), 강세황(姜世晃, 1712~1719) 등에 의해 불붙기 시작한다.

김정희(金正喜, 1786~1856)代에 이르면서 남종화는 유불(儒佛)의 동양적 사고(思考)를 업고, 시서화(詩書畵) 일률(一律)의 경지에 도달한다.

소치(小癡) 허유(許維, 1809~1892, 후에 鍊으로 개명함)는 전남 진도 출신으로 서화를 김정희에게 사사하고 벼슬은 지중추부사(知中樞府事)에 이르렀다. 시서화(詩書畵)에 능하여 삼절(三絕)로 불렸으며, 특히 묵죽(墨竹)을 잘 그렸다.

미산(米山 許영, 1862~1938)은 그의 아들이며, 남농(南農 許楗, 1908~1987)은 그의 손자였다.

남농기념관(南農記念館)에는 남농의 소장품과 그의 그림들이 전시되어 있었다. 일층과 이층의 전시실을 휘돌아 내려왔다. 바닷가 아늑한 곳에 위치하여 조용한 분위기가 좋았다.

쉬었다 가자. 나는 항시 두 홉들이 보온병을 갖고 다닌다. 잔디밭 장의자에 앉았다. 색을 풀고, 더운 물 한 컵을 마셨다. 어디로 갈까?

형이상(形而上)의 세계와 형이하(形而下)의 세계는 동전의 양면이다. 겉과 안은 둘이 아니라 하나다. 삶과 죽음은 물질의 상태일 뿐 본질은 하나다.

오, 개구즉착(開口卽錯). 허망한 궤변의 아름다움이여.

36. 홍탁삼합(洪濁三合)

아침 겸 점심으로 때운 라면이 소화된 지 이미 오래다. 오후 네 시경.

이런 시간을 우리는 보통 술시(酒時)라 한다. 술시가 되면 뱃속에서 꼬르락 신호가 울리고, 막걸리 한 사발 생각이 나는 것이 주당들의 일상.

찾아갔지.

목포에서 세발낙지가 소문난 먹거리라면, 사실은 그 위에 왕초가 또 한 놈 있다. 홍탁 삼합이 그놈이다.

홍탁이란 홍어에 탁배기가 그놈이고, 삼합이란 김치, 돗고기에 홍어를 말하는데, 홍어라고 아무 홍어나 말하는 것은 아니다. 흑산도산 순국산 토종홍어를 항아리에 담아 한 열흘 정도 삭힌 놈을 말하는데, 그 맛이 사람을 영 죽인다는 것이다.

맛이야 사람을 죽이거나 말았거나, 목포까지 온 김에 죽어도 그 맛이나 한번 보고나서 죽기로 작정하였다. 안주인을 만나 여차여차 이야기를 하고, 사람 죽인다는 그놈들을 주문하였다.

메뉴는 세 가지.

흑산도산 참 홍어로 된 홍어회와 홍어찜, 그리고 호남 사람들이 자랑하는 삼합홍탁이 그것들이다. 맨 처음 올라온 놈이 삼합홍탁이다. 김치와 돼지고기에 홍어회가 탁배기를 대동하고 들어왔다.

“홍어회는 썩클수러기(썩힐수록) 제맛이 나지라.”

안주인은 노리끼리한 탁배기 한 사발을 손수 따르면서 설명을 한다. 보통의 경우, 탁배기부터 한잔 마신 후 안주를 먹게 되지만 여기서는 그게 아니다.

“먼저, 홍어회를 씹어 시요이잉, 그라고 코로 한번 숨을 내뱉어 보시시오.”

시키는 대로 하였다.

썩은 가오리회를 씹기도 비위가 거슬리는데, 콧구멍으로 숨을 내쉬는 순간, ‘으윽’ 이상한 느낌이 코를 팍 찔렀다. 아주 이상한, 그냥 토할 것 같은 그런 느낌, 톡 쏘는 맛도 같고, 비릿한 것도 같은 전혀 생소한 그런 느낌이었다.

“맛이 아주 환상적이지라, 아주 사람을 죽이는 맛이라고들 하지라.”

나는 그냥 찌그러진 내 인상을 감추려고 탁배기만 마셔 제꼈다. 다음 타자, 홍어찜이 나왔다. 썩은 가오리찜이다. 맛은 그 맛이 그 맛이다. 막걸리와 돼지고기만 죽였다.

나는 돌아서 나오면서 혼잣소리로 중얼거렸다.

"내 팔자에 무슨 식도락이락꼬…."

세발낙지에 연포탕이 2만 원. 홍탁삼합에 홍어찜이 6만 원, 도합 8만 원. 탁배기 몇 잔 마시고, 이틀 생활비가 홀라당 날아가 버렸다. 그래도 이상하게 기분이 좋다.

라면에 빵과 우유로 끼니를 때우고, 5천 원짜리 찜질방에서 노숙을 면하면서 아낀 돈으로 식도락 흉내를 내고 다니는 내 꼴이 가관이다.

홍어회 한 접시 12만 원, 홍어찜 한 접시에 10만 원 호가를, 나홀로 식탁이라 싼값에 대접한다는 주인아주머니에게 고맙다는 인사를 곱빼기로 올리고 돌아섰다.

"고기도 먹어 본 놈이 잘 먹는다던가?"

좌 홍도를 만났으니, 우 백도를 만나야겠다. 백도(白島)를 만나려면 여수로 가야 한다. 여수.

목포에서 여수까지는 고속버스로 4시간. 술이 반 술에 땅거미가 지고 있었다. 버스가 여수터미널에 도착하였을 때는 밤이 깊어 10시가 가까웠다.

"뱃머리 가는 길목에 24시간 찜질방이 있으면 태워다 주세요."

택시기사에게 부탁하였다. 그래서 찾은 곳이 국동(國洞)에 있는 '백암 불가마 찜질방.' 목포 뱃머리 '백두산 불노방' 보다 깔끔해서 좋다.

찜질방이란 옛날부터 전해져 온 한증탕 같은 것이다. 내가 아는 예전의 한증탕은 황토 막 속에 불을 넣어 막을 화덕처럼 데운 후, 불을 꺼내고 그 불가마에 사람들이 누더기를 걸치고 들어가서 땀을 빼는 과정으로 알고 있는데 현대식 찜질방은 그와는 조금 다르다.

백암 불가마의 경우, 아래층에는 황토 찜질 체험실이 있다. 황토방에 옥돌과 게르마늄석을 쌓아놓고, 보일러로 열을 가하여 땀을 빼도록 시설이 되어 있고, 남녀 탈의실과 샤워실이 마련되어 있다.

2층에는 휴게실과 온돌방이 있다. 방들은 모두 황토로 되어 있고, 침구가 없어도 더울 정도다. 5천 원으로 입실하면 유니폼 한 벌과 타월을 준다. 탈의실에서 옷을 갈아입고, 샤워를 하던지 땀을 빼던지 잠자던지 그건 내 맘이다.

탈의실과 샤워실은 따로지만, 땀 빼는 체험실이나 휴게실과 온돌방 사용은 남녀 구별이 없다. 부부끼리, 연인끼리 오는 사람도 있다. 극장이나 다방이 남녀 구별 없듯, 찜질방도 그렇게 자연스럽다. 하룻밤 여관비 몇 만 원보다 싸서 좋고 따뜻해서 좋다.

콩나물 해장국으로 빈속을 채우고 뱃머리로 나갔다. 08시 10분발. 거문도행. 페가사스호.

부아앙 엔진이 요란한 굉음을 울리는가 하는 틈에 페가사스호는 제비처럼 산뜻하게 물보라를 일으키며 바다를 가르고 2시간여. 거문도 선착장에 안착. 대기 중인 백도(白島) 일주 유람선을 갈아탄다. 일행 이삼십 명.

거문도(巨文島)는 1885년(고종 32년)~1998년(광무 2년) 영국의 동양함대에 의해 불법 점령되었던 섬이다. 아열대성 기후로 풍란, 석란, 동백 등이 군락을 이루고 있고, 다도해 해상 국립공원으로 갖가지 기암절벽이 절경을 이루고 있다.

그중에서도 등대로 가는 길목의 동백 군락이 아름답다. 특히 백도(白島)는 거문도 관광의 백미(白眉).

백도는 상백도와 하백도로 나누어 부른다. 백도의 군도(群島)는 섬이 모두 백 개 정도라 하여 백도(百島)라 하였는데, 헤아려 본즉 백(百)에서 한 개가 모자란다 하여 '한 一'을 빼고 '흰 白'이 되어 '白島'라 부르게 되었다나?

섬에는 낚시꾼들이 몰려들어 쓰레기장을 만드는 바람에 상륙을 금지시키고 유람선도 상하백도(上下白島) 일주관광만 시킨다는 가이드의 설명이었다.

병풍처럼 펼쳐진 바위들의 사열은 병풍바위, 신선처럼 생겼다고 신선바위, 형제암. 아들 없는 여인이 기도하면 아들을 얻는다는 서방바위. 옥황상제의 왕관이 바위로 변했다는 왕관바위. 참선하는 승려가 변했다는 석불암. 쌍돛대바위. 도끼바위. 물개바위. 발기된 남성의 거시기를 꼭 빼닮은 남근석이 아름답다.

백도에서 돌아오면 또다시 백암 불가마. 쌀쌀한 밤기운에 황토 찜질방은 내방처럼 따뜻하다. 샤워하고 맥주 한 병에 소주 반병을 칵테일. 곰탕 한 뚝배기에 오늘을 거두고, 황토방 목침으로 내일을 기획한다. 내일 오전에 향일암(向日庵), 금오산(金鰲山)을 오르고, 오후에는 오동도를 만나야지.

부슬부슬부슬 봄비가 내리고 있다. 비 온다고 여행을 멈출 수는 없다. 향일암 가는 시내버스는 자주 온다. 돌산대교(突山大橋)가 아름답다.

여수 코앞에 바싹 다가있는 섬이 돌산읍(突山邑)이고, 돌산대교가 섬과 뭍을 이어 돌산섬을 뭍으로 붙여 놓았다. 돌산대교는 길이 450m, 너비 11.7m. 1980년 12월에 착공하여, 1984년 12월에 완공

되었다.

다리 아래의 평균 조류(潮流) 속도는 초속 3미터급 물살이다. 여천공단과 여수항으로 출입하는 대형 선박의 주요 통항로이기 때문에 양쪽 해안에 높이 62m의 대형 강철교탑(鋼鐵橋塔)을 세우고 56~87mm의 강철 케이블 28개로 다리를 묶어 지탱하는 사장교(斜張橋) 형식으로, 수면 위 높이 20m의 아름다운 교량이다.

돌산도 끝머리에 금오산(金鰲山)이 솟아 있고, 금오산 콧등의 절벽 위에 향일암(向日庵)이 올라 앉아 있다.

금오산은 마치 한 마리 거북이 같은 형상이고, 금오산 앞 바닷가에 거북의 머리처럼 돌출된 언덕이 있어 더욱 거북의 형상이다. 뿐만 아니라, 금오산 정상에 오르면 넓은 바윗등이 마치 거북의 등에 새겨진 갑골문자(甲骨文字) 같은 무늬가 새겨져 있어 기이한 거북의 형상을 느낄 수 있다. 그래서 그런지 향일암의 옛 이름이 영귀암(靈龜庵)이다.

예전에 왔을 때는 가파른 산길에다, 곳곳에 위험이 도사린 악산이었는데 요즘은 절 아래로부터 석조계단으로 오르게 되어 있어, 정상에 오르는 일도 식은 죽 먹기.

벼랑 끝 향일암 마당에서 바라보는 시원한 남해 바다, 탁 트인 한려수도는 피곤한 나그네의 가슴을 시원하게 열어준다. 한 가지 흠이라면 절 아래 마을의 무질서한 횟집들. 좀 더 아름답고 질서 있는 모습으로 꾸며질 수 있었다면?

짓궂은 봄비가 쉼 없이 내린다. 봄비는 때로 바람을 몰아친다. 나는 지금, 기나긴 오동도 방파제를 걷고 있다. 나는 왜 이토록 스산한 바닷길을 홀로 걷는가?

꽃 때문이다. 동백꽃 때문이다. 꽃으로 장관을 이루었을 동백섬을 꿈꾸면서 오동도를 찾았다.

목포와 여수는 꽃피는 날짜가 다르다. 목포 쪽 동백은 지금 터질 듯 부푼 봉오리만 수도 없이 매달려 있었다. 오동도의 동백이 만개(滿開)라는 소식을 풍문으로 전해듣고 찾아왔다.

누군들 꽃을 싫어할 사람은 없다. 꽃이 아름답기는 한라산 철쭉이 볼만하다. 서울올림픽 공원에 오월이 오면 어우러질 장미의 장관도 잊을 수 없다. 제주의 유채꽃이나 봄마다 장관을 이루는 진해의 벚꽃도 아름답다. 과연 나는 이 봄, 오동도의 동백꽃 장관을 만나고 싶어 이렇게 빗속을 헤매고 있다는 말인가?

목포에 삼학도가 있다면, 여수에는 오동도가 있다. 삼학도가 개발의 이름으로 난장판이 되었다면, 오동도는 그나마 공원으로 꾸며져 있어 다행이다. 실망할 정도는 아니지만, 장관을 꿈꾸며 찾아온 오동도의 동백이 그다지 놀라울 정도는 아니었다.

고즈넉한 동백의 붉은 꽃들이 떨어지고 있었다. 피는 놈은 피고, 지는 놈은 지고, 꽃들은 봄비를 맞으면서 그렇게 말없이 떠나가고 있었다. 인터넷 가이드 사이트에 들어가면, 미사여구의 오동도 찬사가 장대하게 그려져 있긴 하지만, 동백 없는 해운대 동백섬이나 과대 포장된 여수의 오동도나 그 나물에 그 밥이다. 공원을 한 바퀴 휘돌아 내려오다.

부슬부슬부슬. 기나긴 오동도 방파제를 따라 다시 걷는다. 봄비는 오전 내내, 그리고 오후 내내 쉼 없이 내리고 있다.

어디로 갈까? 이제 어디로 가야 하는가를 나는 모른다. 순천의 송광사도 좋고, 구례로 가면 화엄사도 좋다. 섬진강을 따라 오르면 쌍계사도 좋다. 지리산으로 가볼까?

내일 걱정은 내일 한다. 내 맘대로 되는 것은 하나도 없다. 모든 것은 유니고스(unigos)의 프로그램으로 짜여진 것, 나는 다만 우주의 시나리오를 따라 흐를 뿐이다.

生也一片浮雲起.
死也一片浮雲滅.

삶이란, 만남이며, 죽음이란 곧 헤어짐이다. 삶과 죽음은 물질(氣, energie)의 또 다른 상태. 본질은 하나인 것. 구름은 無에서 生하고, 滅하여 다시 無가 된다. 구름의 기멸(起滅)을 따진다는 것은 어리석은 일이다.

행복이다 불행이다, 명예다 치욕이다 하는 그 모든 것은 환경과 유전자가 야합하여 연출하는 관념의 유희일 뿐 본성은 다만 투명한 空일 뿐이다. 어리석은 인간들은 본능의 욕구를 벗지 못하고 일생을 버둥거리다가 본질인 空으로 사라져 간다. 어차피 인생은 일회용인 것을….

오, 아름다운 세상, 멋진 인생이여.

오늘은 이 밤, 한잔 소주로 내 인생의 닻을 내리고 그리운 사람을 꿈꾸고 싶다.

* 'unigos' 는 필자의 신조어로 'universal logos' 를 의미함.